JN312722

バスケットボール ポストプレーのスキル&ドリル

PLAYING the POST
Basketball Skills and Drills

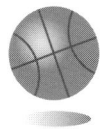

Burrall Paye [著] バロル・ペイ
Kazuaki Sakai & Jun Suzuki 坂井和明 & 鈴木 淳 [訳]

大修館書店

PLAYING THE POST : BASKETBALL SKILLS AND DRILLS
By Burrall Paye

Copyright © 1996 by Burrall Paye

Japanese translation rights
arranged with Human Kinetics Publishers, Inc.
through Japan UNI Agency, Inc., Tokyo.

Taishukan Publishing Co., Ltd.
Tokyo, Japan, 2009

推薦します

　バージニア州立大学のポイントガードとしてプレーしていた当時，チームメイトにラルフ・サンプソンがいた。彼は7フィートを越える長身にもかかわらず，ハイポストやウイングから前を向いて攻撃できる最初のプレーヤーだった。205cmのマジック・ジョンソンがポイントガードに対する伝統的な考え方を変えたように，223cmのラルフ・サンプソンはポストプレーヤーに対する固定概念を打ち破った。マジックとラルフがバスケットボールの歴史を変えたといっても過言ではないだろう。

　現在成功しているチームの多くは，ガード，フォワード，センターのどのポジションでも機能できるオールラウンドプレーヤーで構成されている。背が低くてスピードのあるプレーヤーがアウトサイドでのスキルを身につけ，長身でスピードのないプレーヤーがインサイドでのスキルを身につけるだけではもはや不十分なのだ。小さなプレーヤーであっても，状況によってはハイポストにポストアップしてドライブで突破したり，長身プレーヤーをやっつけたりすることができなければならない。

　スリーポイントの導入によって，残念なことにポストプレーを軽視するプレーヤーが増えたが，ポストプレーの重要性はむしろ高まったと考えるべきだ。ディフェンス面では，スリーポイントエリアまでディフェンスを広げざるをえないため，ヘルプなしでポストエリアをまもる責任が大きくなったし，オフェンス面では，単に自分がポストアップして得点するだけでなく，味方を活かすためのパスやスクリーンの技術が不可欠となったからだ。

　コーチ・ペイは，ここにポストプレーヤー育成のための優れたマニュアルを書き上げた。彼は優秀な指導者であると同時に優れた研究者でもあり，技術・戦術や練習方法について洞察に満ちた示唆を与えている。私はプレーヤーとして，あるいはコーチとして，ポストプレーを効果的に使ったプレーヤーやチームが優れた成績をおさめるケースを数多く見てきた。だからこそ，本書を読み，活用することを，プレーヤーやコーチに強く薦めるのだ。正しいフットワークや，ポストプレーで得点するための数々のヒントを提供する彼の指導書は，高度な技術を持つプレーヤーにとってもおおいに参考になるだろう。

　コーチ・ペイが本書に示したノウハウを最大限に活用し，読者の皆さんのなかに眠っている可能性を最大限に引き出してほしい。

バージニア州立大学ヘッドコーチ
ジェフ・ジョーンズ

ポストプレーヤーを目指して

　男女を問わず，あらゆるレベルのプレーヤーとコーチのために書かれた本書のなかには，ポストプレーに関する一般的な知見に加えて，これまで出版された書籍には載っていない貴重な情報が詰まっている。

　ポストプレーヤーの育成には，ポイントゲッター，リバウンダー，パッサー，スクリナー，ディフェンダーという5つの側面があるが，まず第1章では，ポストプレーの特性とポストプレーで効果的に得点するための原則について述べる。ポストプレーとは，大雑把に言うと，コートの両端約3.5×4.5mの長方形のエリアでおこなわれるプレーだ。このエリアでプレーするにはサイズが必要不可欠と考えられがちだが，ポストプレーにサイズは必ずしも必要ではない。

　第2章では，ローポストとハイポストからの得点方法を，わかりやすく6つのステップで解説してある。ステップごとに問題点の修正方法を示し，そのためのドリルも提示した。ドリルは，一般的なチーム練習用のものだけでなく，ボールとゴールさえあれば1人でもできる個人練習用のものも示した。経験の浅いプレーヤーもこの章を熟読して強力なポイントゲッターになって欲しい。6つのステップのどこに問題があるかがわかれば，この章で紹介しているドリルがその修正の手助けになるはずだ。

　第3章では，オフェンスとディフェンスのリバウンドについて，その技術，フットワークを詳細に取り上げた。この章では，リバウンドをとるための実践的な知識とドリルに焦点を当てている。

　第4章では，ポストプレーで使うさまざまなパスについて述べている。ここでは，チーム独自のパッシングドリルを創る方法についても解説してある。

　第5章では，ポストプレーヤーが使うスクリーンをとり上げた。スクリーンはモーションオフェンスをおこなうための重要なファンダメンタルだ。スクリーンのタイプ，ねらい，オプションについて解説してある。

　第6章では，ポストプレーをディフェンス面から見直した。チームオフェンスのなかでスリーポイントショットが主要な武器になればなるほど，逆にインサイドはオープンになり，ポストプレーで攻撃しやすくなる。この章で取り上げているポストディフェンスを強化しないコーチは，たとえアウトサイドのシューターを完璧に抑えたとしても，簡単にペイント内で得点されることになるだろう。

　第7章では，上級者のための応用プレーを紹介している。2つの基本ムーブと，4つの初級ムーブを身につけたプレーヤーなら，この章から豊富な情報を得ることができるだろう。ファンダメンタルから進んだリバウンドドリルを必要とするコー

チは，この章のなかに，粘り強いリバウンダーを育てるためのより発展的なドリルを見つけることができるはずだ。

　最後の第8章では，ポストプレーヤーを育成するための体力トレーニングを紹介する。ポストプレーに必要なムーブを身につけるためには，何よりもまず身体面を強化しなければならない。筋力が十分に開発されていないプレーヤーが多いので，この章では有効性がすでに実証されている主要なウエイトトレーニング・プログラムを提示している。さらに，持久力，走力，コーディネーション，あるいはクイックネス，アジリティ，ジャンプ力のトレーニングプログラムも提供している。

　読者の皆さんは，ひと通り全体を読んでから，個々の材料を利用してほしい。一読すれば，ポストプレーが多様な角度から開発されることがわかるはずだ。例えば，ポジショニングについては，第2章ではオフェンスの側面から，第6章ではディフェンスの側面から取り上げている。前後の重要な関連ページは例えば「第7章参照」のような形で，随時表示してある。これらの参照は，忙しい試合期にも使いやすいように，ほとんどすべてのドリルに設けてある。

　ポストプレーに必要な技術・戦術，練習方法のすべてが本書のなかにある。本書を読み終えたコーチに，もはや言い訳をする余地はない。うまくプレーできないプレーヤーを非難するだけのコーチから，どうやったらできるようになるかを実際に指導できるコーチになってほしい。

　個人練習の方法も本書のなかに示してある。本書を読み終えたプレーヤーに，迷ったり無駄に悩んだりしている時間はない。偉大なプレーヤーは，オフシーズンの努力の結果生まれることを忘れてはならない。本書には，オフシーズン中の自主練習のための段階的なプログラムも含まれている。コーディネーションに劣っていても，未開発であっても，うまくなりたいと願うプレーヤーに必要なことは，本書を熟読し，そのシンプルで段階的なプログラムに従うことだけだ。

　優秀なポストプレーヤーをみたとき，彼がどうやってそのようになったと考えるだろうか？

　立場は2つ。
「持って生まれた才能によるもの」と考えてないものねだりをするのか，それとも「技術・戦術を学習し，練習を積み重ねた結果によるもの」と考えて自らを信じて日々の練習に取り組むかだ。どちらの立場に立つかで，未来は大きく変わってくる。

バロル・ペイ

目次

推薦します..............................iii

ポストプレーヤーを目指して..............................iv

第1章　ポストプレーヤーの特性とプレーの原則 1

1．ポストプレーヤーの特性.....................2
　1．ポストエリアとは...2
　2．ポストプレーの利点...2
　3．ポストプレーヤーの役割...2
　4．ポストプレーの特質...3
　5．プレーヤーとコーチのすべきこと...3

2．ポストプレーの10原則..............................4
　原則-1．チャンスを逃さない...5
　原則-2．両足でプレーする...5
　原則-3．スライドステップを使う...6
　原則-4．筋力アップをはかる...6
　原則-5．ボールをかくす...7
　原則-6．コンタクトを利用する...8
　原則-7．ディフェンダーをコントロールする...8
　原則-8．ヘルプを予測する...9
　原則-9．適切なショットを選択する...9
　原則-10．適切なポジションをとる...10

ドリル..............................11
　ドリル❶　ジャンプストップ ドリル...11
　ドリル❷　スライドステップドリブル ドリル...11

第2章　ポイントゲッターになる.....................13

1．得点するための6つのステップ..............................14
　STEP-1．オープンになる...14
　STEP-2．ポジションをとる...20
　STEP-3．パスを受ける...25
　STEP-4．ムーブをしかける...29
　STEP-5．ショットを決める...38
　STEP-6．ムーブシステムを使いこなす...38

2．ハイポストプレーへの応用 40
  1．基本ムーブの応用...40
  2．初級ムーブへの移行...41
  3．ロッカーステップ...43
  4．オーバーヘッドパスを使う...44
  5．ハイポストプレーのポイント...44

ドリル 46
  ドリル❸　ロール ドリル...46
  ドリル❹　ビッグマンズファストブレイク ドリル...46
  ドリル❺　ランフルコートウェル ドリル...47
  ドリル❻　フックレイイン ドリル(マイカン ドリル)...48
  ドリル❼　パワーピックアップ ドリル...48
  ドリル❽　3人のポスト ドリル...48
  ドリル❾　ヘルプディフェンスをつけた攻防ドリル...49
  ドリル❿　1対1をつけた攻防ドリル...50
  ドリル⓫　ローテーション ドリル...50
  ドリル⓬　ダブルダウン ドリル...51
  ドリル⓭　ローポスト完成ドリル...51

第3章　リバウンダーになる 53
1．リバウンドの傾向を頭に入れる 54
2．オフェンスリバウンドの4つのステップ 55
  STEP-1．ショットを予測してフロアポジションを先どりする...56
  STEP-2．ムーブをしかけてボディポジションをとる...56
  STEP-3．「キャッチ」か「ティップ」かを選択する...60
  STEP-4．リターンショットを打つ...62

3．ディフェンスリバウンドの4つのステップ 63
  STEP-1．内側のポジションをとる...63
  STEP-2．ボックスアウトする...63
  STEP-3．キャッチ...65
  STEP-4．速攻を出す...66

ドリル 69
  ドリル⓮　アジリティティップ ドリル...69
  ドリル⓯　スーパーマン ドリル...69
  ドリル⓰　2対2多目的ドリル...69

ドリル⓱　パワーレイアップ ドリル...70
　　　ドリル⓲　1対2ピボットドリル...70
　　　ドリル⓳　1対1ボックスアウト...71
　　　ドリル⓴　2対2リバウンド ドリル...71
　　　ポイント　リバウンドにおける体の使い方...72

第4章　パッサーになる　　　　　　　　　　　　　　　　　73
1．ポストプレーに必要な4種類のパス...74
　　1．ハイポストからローポストへのパス（ハイ・ロー）...74
　　2．ローポストからローポストへのパス（ロー・ロー）...75
　　3．ローポストからペリメターへのパス（ロー・ペリメター）...76
　　4．ハイポストからペリメターへのパス（ハイ・ペリメター）...77
2．チーム独自のパッシングドリルを作る方法...78
ドリル...80
　　ドリル㉑　ポストパッシング ドリル...80
　　ドリル㉒　ハイ・ローパス＆ピンニング ドリル...81

第5章　スクリナーになる　　　　　　　　　　　　　　　　83
1．スクリーンプレーの2つの役割...84
　　1．ユーザー...84
　　2．スクリナー...85
2．スクリーンプレーの種類とオプション...86
　　1．ダウンスクリーン...86
　　2．バックスクリーン...87
　　3．ポストプレーヤー同士のスクリーン...87
　　4．得点力の低いポストプレーヤーをスクリナーに使う...87
　　5．得点力の高いポストプレーヤーをスクリナーに使う...88
　　6．フェード（ポップアウト）...88
　　7．スクリナーへのスクリーン...88

第6章　ディフェンダーになる　　　　　　　　　　　　　　89
1．ローポストディフェンスに必要な7つの技術...90
　　1．ビッグブロックのディフェンス...90
　　2．フラッシュポストのディナイ（バンプ）...93
　　3．アボイドザピン...94

4．ヘッジとジャミング...94
　　5．ハイ・ロープレーのディフェンス...95
　　6．ローテーションとダブルダウン...95
　　7．ブロックショットとテイクチャージ...98
２．ハイポストディフェンスに必要な３つの技術..............................101
　　1．サギングでハイ・ローをまもる...101
　　2．フリーフットにオーバープレーする...101
　　3．プレッシャーをかけてからサギング...102
　ドリル.........................103
　　ドリル㉓　ポスト１対１ドリル...103
　　ドリル㉔　ポスト１対２ドリル...103
　　ドリル㉕　２対１ディフェンス ドリル...104
　　ドリル㉖　ポスト２対２ドリル...104
　　ドリル㉗　フラッシュポストのディフェンス ドリル...105
　　ドリル㉘　ブロックショット＆テイクチャージ ドリル...106
　　ドリル㉙　クイックブロックショット ドリル...107
　　ドリル⓭（オプション）　ローポスト完成ドリル...107

第７章　ポストプレーを発展させる ...109
１．ポストスコアリングセオリー..........................110
　　1．ベースラインセオリー...110
　　2．パワーレッグセオリー...110
　　3．パスディレクションセオリー...111
２．上級テクニック............................112
　　1．上級ムーブ...112
　　2．上級ショット...119
　　3．上級リバウンド...121
　　4．上級スクリーン...121
　　5．上級パス...121
　ドリル........................124
　　ドリル㉚　パワージャンパー ドリル...124
　　ドリル㉛　クイックジャンパー ドリル...124
　　ドリル㉜　チームリバウンド ドリル...125

第8章　ポストプレーヤー育成プログラム..127

1．精神面の調整.............................128
1．個人技術の向上...129
2．チーム力の向上...129

2．身体能力の開発...........................129
1．筋力トレーニング...129
2．持久力のトレーニング...132
3．走力とコーディネーションのトレーニング...133
4．ジャンプ力のトレーニング...134
5．クイックネスとアジリティのトレーニング...134

3．練習計画の作成...........................136
1．毎日の練習計画...136
2．オフシーズンの練習計画...137

訳者あとがき............................138

図の凡例			
①〜⑤	オフェンスプレーヤー	‥‥‥▶	パス
X_1〜X_5	ディフェンダー	‥‥1〜▶	パスの順番
——▶	プレーヤーの動き	〜〜〜	ドリブル
——┤	スクリーン	⇨	ショット
——●	ポストアップ	》	フェイク

第1章

Qualities of a Post Player /
Ten principles of Scoring in the Post

ポストプレーヤーの特性とプレーの原則

1……ポストプレーヤーの特性

ポストプレーの指導を始める前に，コーチとプレーヤーは，ローポスト，ハイポスト，ミドルポストの違いを理解し，各エリアにどのようなプレーを要求するかを決めなければならない。そして，ポストプレーを習得するためにはどんな練習が必要なのかを理解したうえで，コーチとプレーヤーそれぞれの観点から，具体的な練習計画を立案していくことが重要である。

1. ポストエリアとは

図1-1に，ローポスト，ハイポスト，ミドルポストのエリアを示した。幅はそれぞれ，制限区域の外側約30cmまでとする。

ローポストは，ベースライン[*1]からフリースローサークルの下までのエリアである。制限区域両側のビッグブロック[*2]はローポストエリアに含まれる。ミドルポストはフリースローサークルの下からフリースローラインまでのエリア，ハイポストはフリースローラインからフリースローサークルの上までのエリアである。

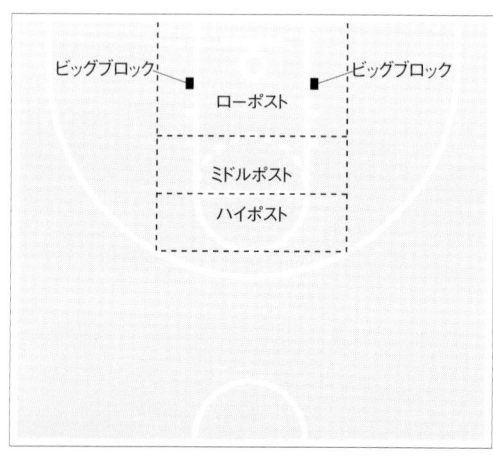

図1-1　ポストエリア

2. ポストプレーの利点

どのポジション（ガード，フォワード，センター）のプレーヤーでも，ポストでのプレーは可能である。ポストプレーは長身プレーヤーのものと考えられがちだが，ポストプレーの練習はすべてのプレーヤーにとってメリットがある。例えば，184cmのガードが172cmのプレーヤーにマークされている場合，身長でのアドバンテージは12cmである。これは204cmのセンターが，192cmのプレーヤーにマークされているのと同じ状況だ。ところが，172cmのガードは，192cmのセンターほどポストエリアのまもり方を練習していないはずであり，ガードがポストアップした場合のほうがよりアドバンテージは大きいと考えることもできる。

さらに，ポストプレーの正しい技術を身につければ，身長差も必要ではなくなる。身長が同じであっても，あるいは高い技術力があれば身長が低くても，ポストから攻撃できる。長身プレーヤーがポストプレーを学ぶのは当然だが，本書に沿って練習を積めば，身長にかかわらず，すべてのプレーヤーが効果的にポストでプレーできるようになるだろう。

3. ポストプレーヤーの役割

ポストプレーヤーは，次の5つの役割を担えるのが理想だ。
①ポイントゲッター
②リバウンダー
③パッサー
④スクリナー
⑤ディフェンダー

これら5つの役割に必要な技術は，もちろん

練習によって身につけることができる。5つの役割すべてをこなせるのがベストだが，このうちのどれかをこなすことができればチームに貢献できる。苦手なプレーを習得しながら，現時点で身につけている技術をうまく活用して最大のチーム力を引き出せばよい。例えば，体は大きいがフットワークに長けていないプレーヤーがいるとする。コーチはこのプレーヤーをスクリナーやリバウンダーとして起用しながらフットワークを伸ばしてやればよい。あるいは，やせていて背が高く，ショットとパスが得意なプレーヤーは，まず，そのプレーヤーをハイポストでプレーさせながら，ゆっくりと体を作っていけばよい。また，体は大きいが経験が少なくショットが苦手なプレーヤーは，ローポストに置き，ショットやパスが上達するまではディフェンス，リバウンド，スクリーンをしっかりプレーさせる。とくに高校のコーチは，すべての技術を身につけたプレーヤーに恵まれることはまれなので，このような方法をとるとよいだろう。

理想は5つの役割すべてをこなせるようになることだ。忍耐強く時間をかけて一所懸命に練習すれば必ず達成できる。どんなに弱点があっても，それをコーチとプレーヤーで克服できれば，チーム力は必ずアップする。

4. ポストプレーの特質

プレーヤーの技術的，身体的，精神的特徴によって，プレーするエリアはおのずと決まってくる。

ローポストは，フィジカルなエリアであり，体の強さが必要だ。このポジションは，身体的にも精神的にもタフなプレーヤーに適しているといえるだろう。体のぶつかり合いが頻繁に起こるローポストで満足なプレーをするためには，頑強な体がなければならない。

ハイポストは，パスやショットのうまいプレーヤーに適している。さらに，ドライブができるなら理想的なハイポストプレーヤーといえる。

ミドルポストは2つの中間のエリアで，攻守において最もないがしろにされがちなポジションだ。ほとんどのコーチやプレーヤーは，ハイポストとローポストの練習にしか取り組まないからだ。したがって，ミドルポストのプレーを十分に練習すれば，他のプレーヤーより優位に立てる。ミドルポストで最も重要なのはクイックネスだ。このポジションでプレーするプレーヤーは，ディフェンスのヘルプが来る前にすばやく判断しなければならない。ショットが得意なプレーヤーも，ペネトレートが得意なプレーヤーも，パワープレーが得意なプレーヤーも，ミドルポストからうまくプレーできるだろう。

5. プレーヤーとコーチのすべきこと

どんなプレーヤーも，身体的，精神的特徴に関わりなくポストプレーの技術を学ぶことができる。しかし，そのプレーヤーにどんな潜在的能力が備わっているかは，練習を積み重ねてみなければわからない。一流のプレーヤーになりたければ，技術を完全に身につける段階まで努力を続けるしかない。すなわち，プレーヤーのすべきことはただひとつ——毎日の練習に参加し，心と体を使って試行錯誤を繰り返すことだ。コーチがいなくてもこの努力を怠ってはならない。たった1人でも（自分とボールとゴールしかないところでも），心に抱く夢を実現するための努力を積み重ねること。この努力ができるかどうかが，一流と二流の分かれ目になる。しかし，若いプレーヤーの多くは，ポストプレ

---

*1. ベースライン：エンドラインと同義。　*2. ビッグブロック：インターナショナルルールでは，フリースローレーンのニュートラルゾーンにあたる。

ーを効果的におこなうために何が必要なのかを理解していない。また，とくに身体能力に恵まれたプレーヤーは，自分の能力にまかせたプレーに満足してしまいがちである。そのようなプレーヤーを支援し，ポストプレーに必要な要素を忍耐強く指導することがコーチの役目になる。

本書では，基本ムーブから初級ムーブ，そして上級ムーブへと進んでいくが，大学に入学した時点で基本ムーブが身についているプレーヤーは少ないし，初級ムーブを使いこなせる者はほとんどいない。若いプレーヤーを育てるには時間がかかることをコーチは肝に銘じ，1つの段階をマスターするまで次の段階に進まないようにすること。プレーヤーはすぐ次の段階に進みたがるだろうが，コーチもプレーヤーも忍耐強くなることこそ成功への近道なのである。

ムーブを学び始めるのに早すぎるということはない。入学したばかりの下級生からポストプレーを学ぶプログラムに取り組ませるのが理想的だ。コーチが夏休みにキャンプを張ったり，キャンプで上級生が下級生に指導する機会を作れば，上級生自身も多くを学べるはずだ。

コーチはプレーヤーにやる気を起こさせる支援をしなければならない。伸び悩んでいる若いプレーヤー（とくに，能力が高く，簡単にプレーできるようになると思っているプレーヤー）は，すぐに結果を出そうと近道をしたり，辞めてしまおうと考える者もいる。そういうときにプレーヤーを励まし，やる気を起こさせ，基本を教え込むのがコーチの役目である。

伸び悩んでいるプレーヤーだけでなく，間違ったポストプレーを身につけているプレーヤーに正しいプレーを教えるのもまたコーチの仕事だ。何が間違っているのか，そしてそれを直すにはどうしたらいいのかをハッキリと伝える必要がある。しかし，練習計画を立て，それを実行させるのがコーチであったとしても，実際にプレーするのはプレーヤーだということを忘れてはならない。コーチはプレーヤーを補佐する立場だとわきまえることが重要なのである。

2……ポストプレーの10原則

ポストプレーは，長身プレーヤーだけに限定されたものではない。スキルさえあれば，誰もがトライできるプレーである。身長で劣っていてもクイックネスで相手をうわまわっていれば，ポストアップして得点できる。残念ながら身長とクイックネスを練習で伸ばすことは難しいが，ポストプレーのスキルなら練習によって十分に伸ばすことができる。

パワーフォワードにポストアップさせるオプションを持っているチームは多いが，男女を問わずすべてのポジションのプレーヤーがポストプレーの技術・戦術を身につければ，ポストエリアから得点するバリエーションは格段に広がる。

ポストでプレーするプレーヤーは，ガード，フォワード，センターのポジションに関係なく，これから説明する10の原則に従わなければならない。この原則に則ってプレーすれば，ターンオーバーが減り，よりコントロールされたス

---

*3. ピボットフット：軸足をピボットフットという。反対側の足をリードフットあるいはフリーフットと呼ぶ。　*4. パワーレイアップ：「レイアップショット」には，ランニングショットのときに用いるような片足踏み切りのショットと，ディフェンダーと競り合った状態のなかで両足踏み切りを使って力強く打つショットの両方が含まれるが，「パワーレイアップ」という場合には，後者のショットを指す。マッスルショットとも呼ばれる。体をバックボードと平行にし，ゴール方向へ飛び上がり，ディフェンダーと逆側のワンハンドでシュートする技術。

マートなプレーができるようになり，得点するチャンスが増えるだろう。

原則1
チャンスを逃さない

ポストプレーは，オフェンスから強引にしかけるプレーではなく，ディフェンダーが与えてくれるチャンスを確実にとらえておこなうプレーである。ディフェンダーの犯したミスを逃さず的確に突くことが重要で，ときにはショットを予測させたり，意図的にミスを誘発させたりもする。本書に示す原則に則ってプレーすれば，ミスを犯したディフェンダーはリカバリーできなくなる。相手の対応を読み切ったうえで，その弱点を突けばよい。

ショットの成功率の高いローポストエリアでボールを受けたら，**迷わずショットをねらうこと**。ただし，無理せず，チャンスを逃さないでプレーするように心がけることが第1の原則だ。

原則2
両足でプレーする

ポストプレーでは，**両足をピボットフット**[*3]に使えるキャッチングが必要になる。ピボットフットが決まってしまうと動きの方向が限定され，ピボットを予測されやすくなるからだ。攻めの方向を読んだディフェンダーは，オフェンスがピボットをおこなう前にすばやく対応するだろうし，ピボットが遅ければディフェンダーに体勢を立て直す時間を与えてしまう。

しかし，両足をピボットフットにすれば，両側へすばやく攻撃をしかけることができ，ディフェンダーを迷わせることができる。また，片足よりも両足のほうが動き出しははるかに速くなる。さらに両足でキャッチするとムーブやシュート時のバランスが良くなり，姿勢を保持しやすくなる。また，両足ジャンプは片足ジャンプよりも大きなパワーを発揮できる。両足を体の下にもってくる意識がなければ，急激なストップからステップを踏み，爆発的にジャンプしてパワーレイアップ[*4]（P.38参照）にもち込むプレーはできない。競り合いのなかでは，両足でプレーしなければディフェンダーのプレッシャーに負けてバランスを崩してしまうだろう。

両足でプレーするためには，ストライドストップではなく，ジャンプストップ，すなわち両足同時に着地して止まる技術が必要になる（図1-2）。ポストプレーのあらゆる動きに先立って，まず「ジャンプストップ ドリル」（ドリル❶）を，無意識でも正確にできるようになるまで繰

Skill 1

(図1-2) ジャンプストップ

両足を確実に同時に着地する

肘を張りボールをプロテクトする

大きく上に跳びあがらない

り返すことが肝心である。

　ジャンプストップのポイントは，踵から着地して拇指球に体重を移すと同時に，膝と股関節を曲げ，スクワットの高さもしくは椅子に座っているくらいの高さまで重心を落とすことだ。膝と股関節の曲げ具合は，ストップするときのスピードによって変わってくる。スピードが速くなれば深くし，遅ければ浅くする。スタンスは，肩幅よりも少し広いくらいが適切だろう。

　ジャンプストップは，いろいろなドリルのなかで練習できる。例えば，第8章で紹介する「セルティックス ドリル」(P.133)では，連続ジャンプの前にジャンプストップが組み込まれているし，持久力トレーニングメニューのなかにも，ジャンプストップの動きが随所に織り込まれている。

原則3
スライドステップを使う

　ポストエリアではフットワークが極めて重要になる。ローポストでは，足が必ず体の下にくるような状態を維持すれば，どんなときでも両足を使ったプレーが可能になる。そのために必要なのがスライドステップである（図1-3）。

　ドリブルをするときにスライドステップを使えば，両足の間でボールをキープすることができ，ヘルプディフェンスからボールを守ることができる。また，ポジション争いをするときにスライドステップを使えば，ジャンプストップでボールをキャッチすることができ，すばやいピボットから攻撃をしかけることができる（ドリル❷参照）。

原則4
筋力アップをはかる

　ディフェンスが最大のプレッシャーをかけてくるローポストエリアで得点するためには，圧力をはね返すだけの強靱さが必要になる。筋力がともなえば，ゴール付近でファウルされてもバランスを崩さずにショットをコントロールできるようになり，3ポイントプレーの可能性も高くなるだけでなく，以下のような効果もある。

- 両足でプレーできるようになる。
- 背筋を強化することによって，頭を起こして力強いショットを打てるようになる。
- 上腕部を強化することによって，ポストアップしてもディフェンダーにボールをとられなくなる。
- 手の平ではなく指でボールを強く保持することによって，シュート時やシュート前にディフェンダーにボールを叩き落とされ

Skill

(図1-3) スライドステップ

進行方向の足から動かす

なくなる。

ポストプレーヤーは，筋力アップで得点の可能性がぐんと高まる。

第8章（P.127〜）に全身の筋力トレーニングプログラムを紹介しているが，これらに従ってトレーニングを積めば，ポストプレーに必要な筋力を向上できる。筋力が向上すれば，コーディネーションやクイックネスも向上し，動きも良くなる。

原則5
ボールをかくす

ポストプレーでは，ディフェンダーにボールを見せない技術を身につけなければならない。ディフェンダーの前に不用意にボールを出してしまうと，スティールやブロックショットの危険性が高くなるからである。

ドリブルとフェイクの際には，どうしてもボールをさらすことになる。そこで，ポストエリアでのドリブルには**スライドステップドリブル**を使う（図1-4）。両足を使ってボールをプロテクトし，スティールを防ぐのだ。練習すればスティールされずにうまくドリブルできるようになる（ドリル❷参照）。

逆に，ローポストプレーでは，ディフェンダーに意図的にボールを見せる2つのフェイクを身につける必要がある。1つめは，シュートすると見せかけるポンプフェイクだ（図1-5）。ポンプフェイクを使えば，ファウルを誘って3ポイントプレーにもち込めるケースも多くなる。

Skill

（図1-4）スライドステップドリブル

ドリブルは両足の間につく

（図1-5）ポンプフェイク

股関節と膝関節は曲げたままボールだけを上げる

（図1-6）ボールフェイク

両足を動かさずにボールを見せることで両足をピボットフットに使える

意図的にボールを見せるポンプフェイクを正しくおこなえば，ブロックショットの危険性を低くすることもできる。

2つめは，基本ムーブをしかける（P.29「STEP-4.ムーブをしかける」参照）と見せかけるために，肩越しからディフェンダーに意図的にボールを見せる**ボールフェイク**だ（図1-6）。ボールを見せた側に攻撃するぞというプレッシャーをかけるためにおこなう。ディフェンダーがフェイクに反応すれば，すかさず逆側へムーブをしかけて3ポイントプレーを誘発することも可能になる。

原則6 コンタクトを利用する

ローポストでは，相手とのコンタクト（身体接触）をうまく利用しながら，自分のプレーを展開できなければならない。そのためには，フットワーク，体の動き，コンタクトの仕方がポイントになる。

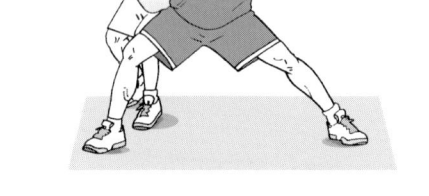

Skill
（図1-7）ピンニング

ディフェンダーが後方から押してくる力を利用するが，寄りかかりすぎるとバランスを崩すので注意する

相手とのコンタクトをうまく利用する技術を**ピンニング**[*5]という（図1-7）。ピンニングによっていったんポジションをとったオフェンスプレーヤーは，ポジションをキープするために，常に相手を背中や腕や手で感じながら，相手とのコンタクトを利用し続けなければならない。

逆にポジションをとられたディフェンダーは，ポジションをとり戻すために，いったんオフェンスプレーヤーから体を後ろに引いてピンニングを回避しなければならない。この技術を**アボイドザピン**（P.94参照）という。

とくにこのアボイドザピンに関しては，シーズンの序盤からしっかりと指導すべきであろう。そうすることによってディフェンスのレベルが上がり，チームのオフェンスプレーヤーは実戦で戦うのと同じかそれ以上の環境下で練習できることになり，ポストプレーの向上もはかれるからである。どんなチーム練習，あるいは個人練習であっても，必ずピンニングやアボイドザピンの要素を含めることができる。シューティングやゲームに割く時間と同じくらいに，ポストプレーの練習に時間を割かなければならない。

原則7 ディフェンダーをコントロールする

ポストプレーでは，ディフェンダーをコントロールして意のままに操れなければならない。そのためのポイントは，コンタクトの前に先手を打つことだ。すなわち，**フロアポジション**と**ボディポジション**（P.21～22参照）を変えながらディフェンダーがミスを犯すように仕向けておいてから，一気にディフェンダーの動きを抑え込み，リカバリーさせないようにするのだ。ディフェンダーのコントロールは，ゲーム開始

[*5]. **ピンニング**［pin＝ピンで留める］：オフェンスプレーヤーがディフェンダーとのコンタクトをうまく利用してポジションをとり，ディフェンダーの動きを封じる技術。[*6]. **ロール**：相手を背中で巻き込むようにバックターンをすること。 [*7]. **サヴィー**［savvy＝実際的知識，賢さ，知識のある］：本書ではサヴィーを「実践的な知恵」と訳出した。

直後のポジション争いから始まる。ビッグブロックに走り込みながらディフェンダーがとろうとするポジションを観察し，先手をしかける。ディフェンダーがポジションを変えようとしたら，すぐに適切なムーブと適切なタイミングで対抗するのである。

ディフェンダーをコントロールする2つめのポイントは，チーム戦術をよく理解することだ。ディフェンダーよりも先に次のパスを予測することができれば，先手を打ってディフェンダーを不利な状態に置くことができる。

ディフェンダーをコントロールする3つめのポイントは，ロール*6（P.18参照）の技術を使うことだ。正確におこなえば，ロールを抑えることはできないため，たとえディフェンダーが先手を打って完璧なポジションをとったとしても，オフェンスプレーヤーはロールを使って主導権を奪い返すことができる。

ポストプレーを完全に理解したときに初めて，ディフェンダーを自由自在にコントロールできるようになる。そのためには，ポストプレーに必要な知識，正しいポジションをとる技術，ゲームに対する感覚などを融合させ，実践的な知恵（サヴィー*7）にまで高めなければならない。ディフェンダーのコントロールは，トップスピードのなかで力と技を駆使しておこなう，チェスのような戦いだ。

原則8
ヘルプを予測する

ローポストにパスが入ったら，ディフェンスはアウトサイドにボールを返球させるためにさまざまな戦術をしかけてくる。よほどすばやくプレーしない限り，1対1という贅沢な状況は望めない。ストロングサイドからのダブルダウン*8，ウィークサイドからのダブルダウン，ウィークサイドからのローテーションの3つが代表的なディフェンス戦術だが（P.95参照），集中力を高めて練習を積み重ねれば，あらゆる状況にうまく対処できるようになる。ポストでボールを受けるときには，常にヘルプディフェンスを予測することが鉄則である。そのためにはすばやい動きと正確な判断が必要となるが，それらはいずれも練習によって高めることができる。

原則9
適切なショットを選択する

ゴール近辺のショットは，どんなプレーヤーでもうまく打てるようになる。とくにローポストのプレーに必要なショットは，ターンアラウンドのジャンプショット，フックレイン，パワーレイアップの3つしかない（P.38参照）。この3つは，ディフェンダーがいなければ成功率が100％に近いショットである。かつて198cmのアメリカンフットボールのプレーヤーにこの3つのショットを教えたことがある。ターンアラウンドのジャンプショットでは何回打ってもボードの同じ所にヒットするバンクショット*9ができるようになり，彼は優秀なシューターに成長した。

ゴールに近い場所ではディフェンダーとの接触が頻繁に起こるため，バンクショットを打つ場合には，できるだけボードの高い位置にボールを当てるようにする。ファウルされてもショットが入る可能性が高く，3ポイントプレーを獲得できるからだ。

フックレインやパワーレイアップは，どち

---

*8. ダブルダウン：攻撃力の高いローポストプレーヤーに対して，ヘルプディフェンスがダブルチームをしかけることによって，ローポストを2人でまもるディフェンス戦術。「ダブルチーム」という表現は，コート上のどの位置であっても，1人を2人ではさんでまもる状態が生じれば用いられるが，「ダブルダウン」という表現は，ローポストでのダブルチームに限定されて用いられる。
*9. バンクショット [bank=クッション]：バックボードを利用して打つショットのこと。

らの手を使ってもシュートできなければならない。また，ターンアラウンドのジャンプショットは，どんなにディフェンダーにプレッシャーをかけられても，ゴールに正対しなければならない。プレッシャーに屈してゴールに対して半身の姿勢になるようではだめだ。正しいシューティングポジションでシュート練習を重ねることである。

原則10
適切なポジションをとる

すべての得点は，正しいポジションから始まる。ポジションには，ディフェンダーに対するボディポジションだけでなく，コート上のフロアポジションも含まれる。ゲーム開始直後ビッグブロックで最初にポジション争いをするときから，ディフェンダーがどのようなポジションをとりたがっているかを観察することが重要である。そして，プレーをしかけるときには，自分にとって最大限に有利になるように2つのポジションを調整し，プレーするスペースを広げなければならない。

適切なフロアポジションをとることができたら，適切なボディポジションをとるように心がける。ボディポジションがとれたら，相手とのコンタクトをうまく利用してボディポジションを維持する。フロアポジションとボディポジションの2つを意識して，適切なポジションをとることが大切である。

➡まとめ

ポストプレーの基本的なルールを簡単な10原則として述べた。これらは，適切なフロアポジションにポストアップすることと，適切なボディポジションをとることの2つに要約できる。ポストプレーヤーが不利なポジションにいるときには，10原則を使って良いポジションを獲得し直すこと。ポストプレーの10原則は，ディフェンダーを思うように動かしてミスを誘発し，リカバリーさせないようにするためのガイドラインである。

ジャンプストップ，スライドステップ，スライドステップドリブルなどの土台となる基本スキルを抜きにして応用スキルを身につけることなどできない。スライドステップやジャンプストップはポジション争いに必要であり，スライドステップドリブルはムーブに必要になる。次の章では，ポストプレーをカットからショットまでの6つのステップに分け，詳しく述べていく。

ドリル (DRILL ❶～❷)

DRILL ❶
ジャンプストップ ドリル
Jump Stop Drill

目的

★ジャンプストップの習得（スピードを変えてできること）
★しかけるムーブをイメージする。
★両足をピボットフットにできることを確認する。

手順

1．ポストプレーヤーを全員ゴール下に並ばせる。
2．①がコーチ1に向かってとび出し，ジャンプストップする。
3．コーチは①の正面か，もしくはいずれかのサイドにパスする。
4．①は両足が床に着いていることをしっかりと感じながら左右を確認し，しかけるムーブをイメージする（第7章ポストスコアリングセオリー参照）。
5．①はコーチ1にパスを返して逆サイドへフラッシュし，コーチ2からパスを受けてジャンプストップする。①は両足が床に着いていることを感じながら再び左右を確認し，しかけるムーブをイメージする。
6．①がコーチ2へフラッシュしたら，②がコーチ1へフラッシュする。
（P.5図1-2および「原則2」参照）

DRILL ❷
スライドステップドリブル ドリル
Slide-Step Dribble Drill

目的

★ドロップステップ，スピン，ハーフスピンで使うスライドステップドリブルの習得。
★間違ったフットワークの矯正。
★スライドステップドリブルを使ってトラベリングせずに，無駄足を踏まずに正しくムーブをしかける。

手順

1．プレーヤーをベースラインの外に並ばせる。
2．最初のプレーヤーがローポストエリア（P.2，図1-1参照）をスライドする。ドリブルを1回だけついてボールをキャッチし，低く膝を曲げたポジションを作り，両足をピボットフットにする。再びドリブルしてボールをキャッチし，低く膝を曲げたポジションを作る。これを反対側のビッグブロックまで何度も繰り返す。スライドステップドリブルを1回終えたら次のプレーヤーが開始する。最初のプレーヤーが反対側のビッグブロックについたら，残りのプレーヤーが全員終わるまで待つ。全員が反対側のビッグブロックまで行き終わったら逆へ戻る。これを1セットあるいは数セットおこなう。スライドステップドリブルは，効果的なローポストプレーに不可欠なので，コーチは満足

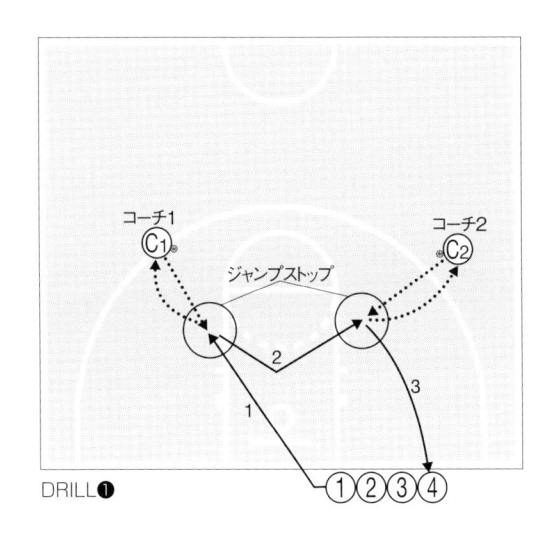

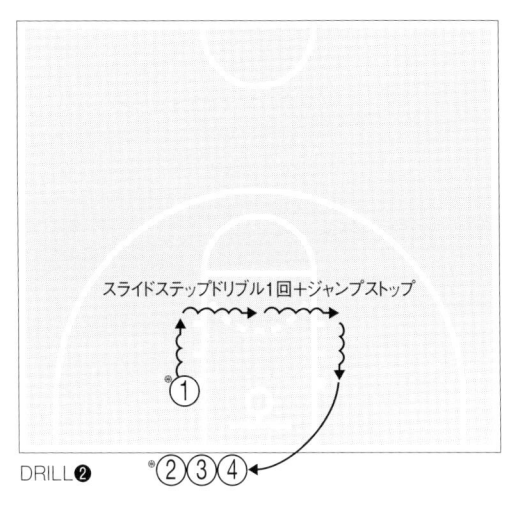

いくまで練習させること。

　3．スライドステップドリブルは，進もうとする方向の足を大きくステップすることから始める。右足から始める場合には逆側の左手でドリブルを１回おこなう。アウトサイドのディフェンダーにスティールされないように，ドリブルは両足の間でおこなう。ディフェンダーが無理にスティールしようとすれば，ドリブラーの足をたたくことになるはずだ。ドリブルは低くすばやくおこなう。ドリブルのあと左足をすばやく大きくステップする。オフェンスは，左足が床に着いたらドリブルを両手でキャッチする。これにより，両足をピボットフットに使うことができる（反対側へ進む場合には，左足でリードしたあとにドリブルし，そのあとに右足を動かす）。ボールをすばやく力強く体の近くに引き寄せる。この動きがディフェンスにボールさらす時間を少なくする。

　4．１ドリブルのスライドステップをマスターしたら，２ドリブルのスライドステップへ進む。３ドリブルのスライドステップは必要ない。３ドリブルは，アウトサイドからのヘルプディフェンスを招くだけでなく，３秒オーバータイムをコールされる結果にもなるからだ。

第2章

Becoming a Scorer in the Post

ポイントゲッターになる

とってボール保持者に両肩を見せるようにする。このときに自分からディフェンダーにコンタクトしていくことが大切だ。ポジションをとったあと，ディフェンダーにコンタクトしたままハーフライン側のターゲットハンドを上げ，スライドステップを使い，3秒オーバータイムにならないように制限区域の外に出る。

ディフェンダーがハイサイド側にポジションを変えてパスを防がなければ，パスを受けたあとにミドルライン側へドロップステップを踏んでレイアップにもち込めばよい。ディフェンダーがハイサイド側にポジションを変えてきた場合には，あとで説明するロールを使ってポジションをとり戻す。

②ボールが低い位置にある場合（図2-3）
ウィークサイドにいるローポストプレーヤーは，ローポストエリアの上端（P.2図1-1参照）を越えて，ディフェンダーから離れてハイポストへフラッシュするように斜めにカットする。この動きに対してディフェンダーがポジションを変えた瞬間に，ローポストプレーヤーはローサイド側の足を1歩斜め前に大きく踏み出してディフェンダーのボディチェックをかわす。そして，**スイムムーブ**を使いながら逆側の足を大きくスイングさせて一気にディフェンダーの前をとり，ボール保持者に両肩を見せるようにする。体はディフェンダーにコンタクトしたままベースライン側のターゲットハンドを上げ，スライドステップを使い，3秒オーバータイムにならないように制限区域を出る。このときに，ベースライン側の足の位置がビッグブロックよりも上になるようにすれば，ゴール側への攻撃

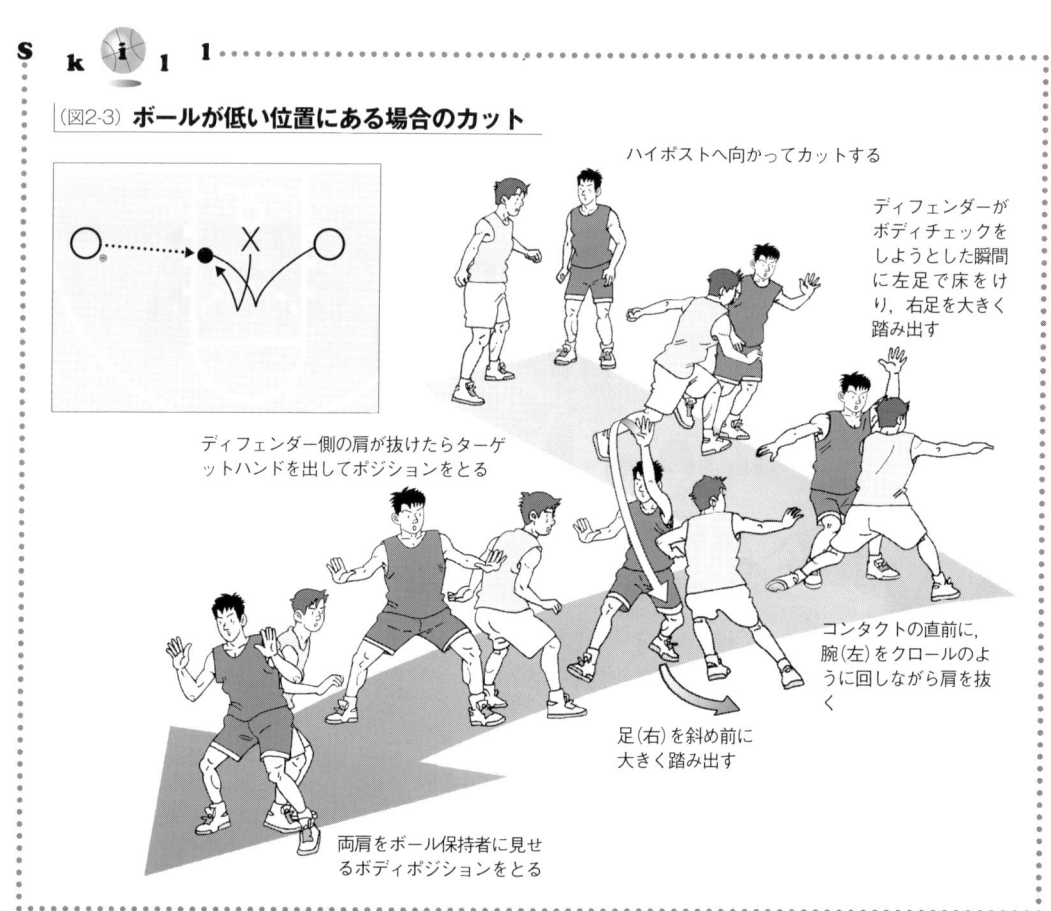

Skill

（図2-3）ボールが低い位置にある場合のカット

- ハイポストへ向かってカットする
- ディフェンダーがボディチェックをしようとした瞬間に左足で床をけり，右足を大きく踏み出す
- ディフェンダー側の肩が抜けたらターゲットハンドを出してポジションをとる
- コンタクトの直前に，腕（左）をクロールのように回しながら肩を抜く
- 足（右）を斜め前に大きく踏み出す
- 両肩をボール保持者に見せるボディポジションをとる

スペースが広くとれる。

　ディフェンダーがローサイド側にポジションを変えるか，少なくともフロントしてパスを防がなければ，パスを受けたあとにドロップステップを踏んでパワーレイアップにもち込めばよい。ディフェンダーがローサイドにまわり込んでポジションを変えてきた場合には，ロールでポジションをとり戻せばよい。

＊

　上に述べた2つの方法でウィークサイドからストロングサイドへカットしてポジションをとったあとは，ディフェンダーがポジションをとり戻そうとするのを無理に防ぐ必要はない。逆に，わざとディフェンダーにポジションをとり戻させてもよい。ディフェンダーのポジションに合わせてロールを使えばリカバリーできなくなるからだ。ウィークサイドからストロングサイドへのカットをディフェンダーが止めなければ，オフェンスはパスを受けて簡単にシュートできるだろうし，ディフェンダーがたとえカットを止めたとしても，今度はロールに対して無防備になってしまう。いずれにしても，オフェンスが必ず勝つのである。

③ボールが展開されようとしている場合（図2-4）

　ボールが自分のいるウィークサイドへ展開されようとしている場合には，ウィークサイドピンニングという動きを使う。

　この動きが使えるのは，図のオフェンス⑤に対してディフェンダーX₅が適切なヘルプポジションをとっており，自分のいる側へボールが展開されることを⑤がわかっている場合だ。⑤はボール保持者の①に対して合図（例えば自分の

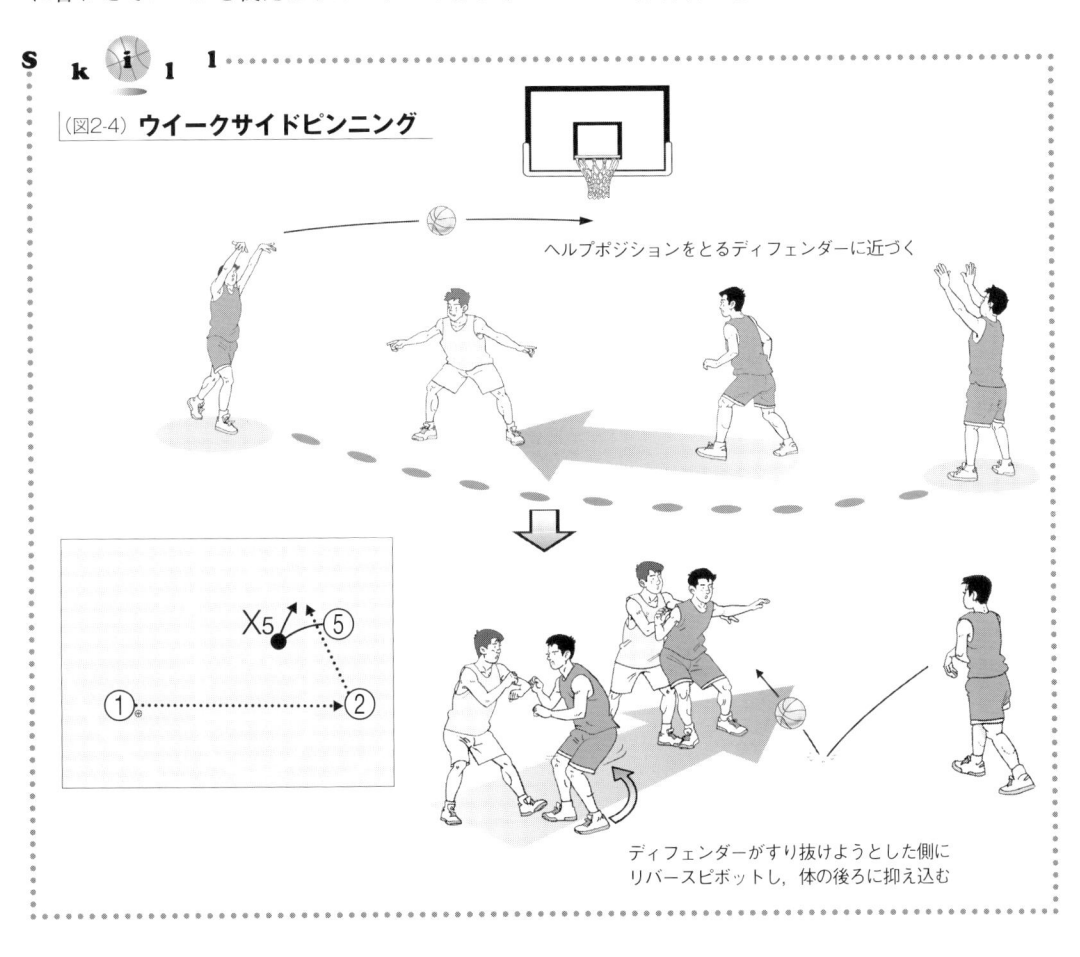

Skill

（図2-4）**ウイークサイドピンニング**

ヘルプポジションをとるディフェンダーに近づく

ディフェンダーがすり抜けようとした側に
リバースピボットし，体の後ろに抑え込む

いる側のプレーヤーを指差すなど）を送り，「自分がいるサイドの②にボールを展開してほしい」という意図を伝える。ボールが①から②に渡る間に，⑤はX_5に2歩近づき，X_5のほうを向いたまま肩幅か少し広いスタンスをとっておく。通常，ボールが②に展開されると，X_5は⑤をよけてボールサイドのディフェンシブポジションをとろうとする。このとき⑤は，X_5がボールサイド方向に向かう1歩目をふさぐようにしてスライドし，X_5の2歩目に合わせてリバースピボットをする。このシンプルな動きだけで，⑤はX_5を体の後ろに抑え込むことができる。⑤はコンタクトをうまく使ってこのポジションを維持する。この状態でボールを受ければ，いとも簡単にドロップステップからレイアップへもち込めるだろう。これは，名将ジョン・ウドゥン（UCLA）が好んで用いた一連の動きでもある。

❷──ストロングサイドで使う動き

ストロングサイドでオープンになる動きには，ローポストをフロントでまもられた場合に適切なポジションをとり戻すためのロールと，ストロングサイドのコーナーやウイングからローポストにカットするボタンフックがある。

①ロール

ロールは，ディフェンダーから適切なポジションをとり戻してオープンになる動きである。

ドリル❸の図（P.46）のように，ボールが①にあるときには，X_5は⑤のフロントもしくはハイサイドからのスリークォーターでまもってくる。さもなければ，⑤へ簡単にボールが入り，ドロップステップからフックレイインを決めら

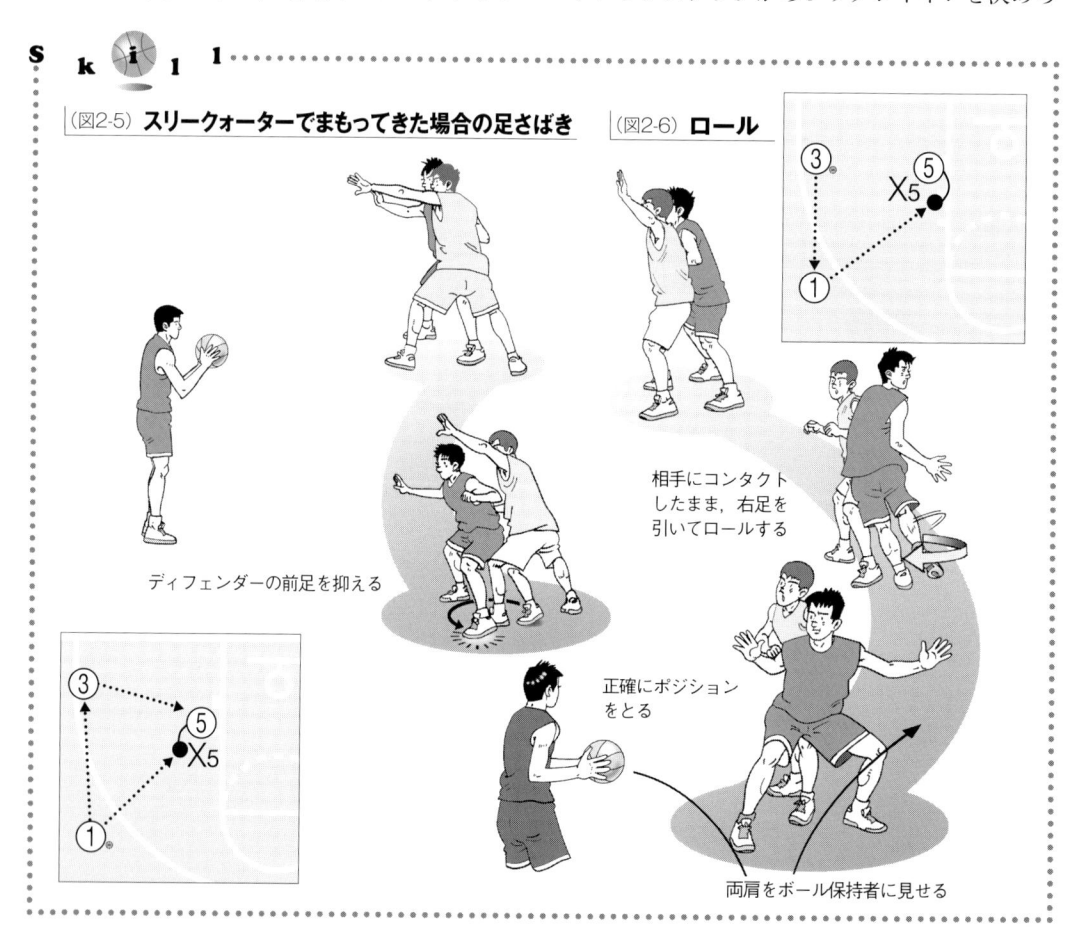

Skill

（図2-5）スリークォーターでまもってきた場合の足さばき

ディフェンダーの前足を抑える

（図2-6）ロール

相手にコンタクトしたまま，右足を引いてロールする

正確にポジションをとる

両肩をボール保持者に見せる

れてしまうからだ。このとき⑤がボールをもらいたい場合は、X_5側の足(左足)でX_5の前足(左足)を抑えるようにすればよい(図2-5)。ただし、X_5に適切なディフェンシブポジションをとられたとしても、⑤は制限区域より1歩以上外に出てまでポジション争いをする必要はない。①が③へパスすれば、⑤はX_5を簡単に背後に抑え込むことができるからだ。ボールの移動に合わせてX_5が⑤の後ろをまわってポジションを変えようとすれば、相手をピンニングで抑え込み、パスを受けてシュートすることができるだろう。したがって、X_5は⑤の前をまわってポジションを変えなければならないということになる。X_5が前をまわってポジションを変え、フロントあるいはローサイドからのスリークォーターでまもってきたとしよう。その場合は、③は①へパスを戻し、⑤は左足をピボットフットにしてリバースピボットすればよい(図2-6)。そうすれば、⑤はX_5よりも少なくとも体半分ほど有利なポジションをとれるはずであり、①も簡単に⑤へパスを入れることができる。この一連の動きがロールと呼ばれる動きであり、ロールを使えば⑤は常にポストアップポジションをとれる。ストロングサイドのローポストでプレーしたければ、ロールは必須の技術だ。

②**ボタンフック**

ボタンフックは、ストロングサイドのコーナーやウイングからローポストにカットしてオープンになる動きである。ボタンフックを有効に使うためには、相手がどうやってストロングサイドのローポストをまもろうとしているかを知ることが重要になる。ビッグブロックのまもり

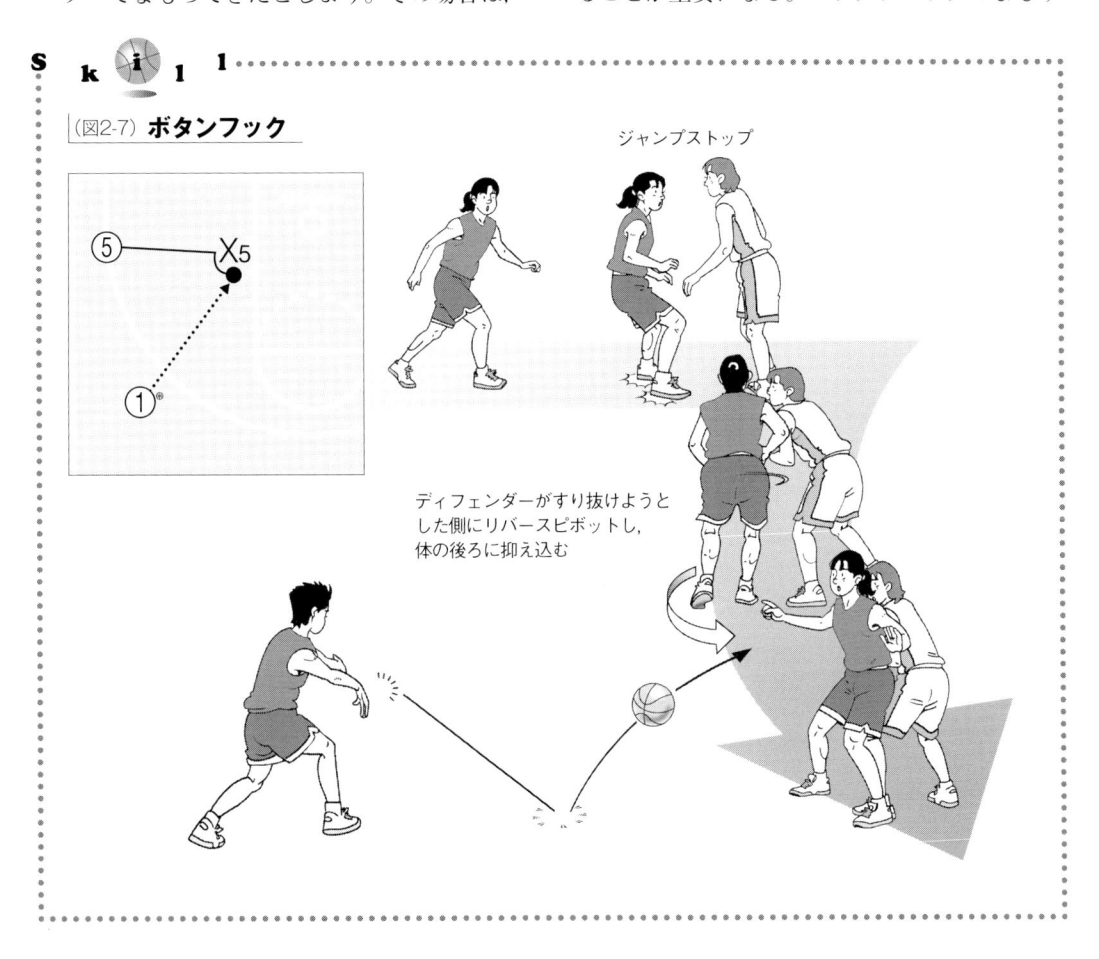

skill

(図2-7) **ボタンフック**

ジャンプストップ

ディフェンダーがすり抜けようとした側にリバースピボットし、体の後ろに抑え込む

方については，各コーチがそれぞれ明確な理論を持ってプレーヤーに指導しているはずだ。スカウティングレポートで，その考え方を明らかにできるだろう。

プレーヤーも，ゲームのなかでローポストの攻防を1～2回やり合えば，相手のまもり方がだいたいわかるはずだ。ディフェンダーがどの位置からフロントしてくるかを読みとることが鍵になる。制限区域から1mも離れたところでフロントしてくることはまずないだろう。そこでフロントすれば，ゴール下に大きなスペースを与えることになり，ロブパスを使って簡単にパワーレイアップされてしまうからだ。

ボタンフックをしかける場合，相手がフロントしてくる位置を見極めたうえで，その位置よりも少しゴールから遠い位置でディフェンダーに正対してジャンプストップする。そして，ディフェンダーがスリークォーターあるいはフロントのポジションをとる前に，単純にリバースピボットする。自分よりもディフェンダーが高い位置にいるときはハイサイドへ，低い位置にいるときはローサイドへリバースピボットすればよい。リバースピボットによって，パスを受けて攻撃をしかけるのに有利なコート上のフロアポジションと，相手ディフェンダーに対するボディポジションの両方がとれる。

図2-7は，ストロングサイドのコーナーからローポストへボタンフックをしかける場面を示している。ディフェンダーがローサイドからまもってくれば，①は簡単に⑤へパスを入れ，⑤はドロップステップからフックショットにもっていける。逆にハイサイドからまもってきた場合には，①がベースライン方向へドリブルで移動してパスの角度を作れば，⑤はパスを受けてドロップステップからレイアップにもち込める。

STEP-2
ポジションをとる

ポストプレーヤーのポジショニングには，コート上のどの位置にポストアップするかという**フロアポジション**と，ディフェンダーのまもり方に応じてどのような位置関係および姿勢をとるかという**ボディポジション**の2つの要素が含まれる。

ローポストをまもる基本的なディフェンシブポジションは，**スリークォーター**（真横よりも少し前に立つ），**フロント**（完全に前に立つ），**ビハインド**（後ろに立つ）の3つしかない。この3つに対応して，ローポストプレーヤーは2つのポジションを適切に変えなければならない。

ローポストプレーヤーがまず考えなければならないのは，コート上で有利なプレーを展開するために，STEP-1のスキルを駆使してビッグブロックを攻めることだ。ビッグブロックへの攻撃に対してディフェンダーがどのディフェンシブポジションをとってくるかを観察し，より有利になるための具体的なポジションのとり方を決める。

❶──スリークォーターに対するポジショニング

①フロアポジション（図2-8）

スリークォーターはディフェンダーが最も好むポジションであり，通常はボールに近いサイドからまもってくる。

ディフェンダーがハイサイドからスリークォーターでまもってきた場合，制限区域に沿って少しポジションを上げ，ビッグブロックの1つ上のマークにリードフット[16]をおいてポジションをとる。ディフェンダーがローサイドからまもってきた場合，制限区域に沿ってポジショ

---

*16．リードフット：ローポストをスリークォーターでまもるディフェンダーに対してポジションをとった場合，ディフェンダーと逆側の足を指す。

ンを下げ，ビッグブロックのすぐ下あたりにリードフットをおいてポジションをとる。

②**ボディポジション**（図2-9）

ディフェンダーがスリークォーターでまもってきた場合，スタンスを広げ，ディフェンダー側の足を少なくともディフェンダーの前足と同じ位置か，できれば前に出すようにする。膝と股関節を曲げた姿勢をとって重心を落とし，足をすばやく動かせるようにすることが大切だ。

ポジションをとる段階では，ディフェンダーと逆側の足に体重をかけるようにする。これでディフェンダーと競り合っている側の足を外へ広げやすくなる。ポジションをとったあとは逆に，体重をディフェンダー側の足に移すことでディフェンダーの動きに合わせて逆側の足を自由に動かせるようにする。ディフェンダー側の足に体重を移しておけば，パスを受けてすぐにドロップステップを踏むこともできる。ディフェンダーの動きに合わせて，すばやい**スライドステップ**を使ってこのポジションを維持する。

ディフェンダー側の肘は90度に曲げ，前腕部をディフェンダーの大腿部から上半身の下部にかけてのどこかの部分にあてるようにする。逆側の手は**ターゲットハンド**に使う。プッシングのファウルを吹かれないように，ディフェンダー側の肘は自分の体の近くにおいておくが，ディフェンダーに押し負けないように，前腕部には力を入れ続ける。これは「かいなをかえす」という，腕時計を見るような前腕と手首の動きであり，すばやくポジションをとり戻そうとするディフェンダーの動きに負けない大きな力を発揮できる。

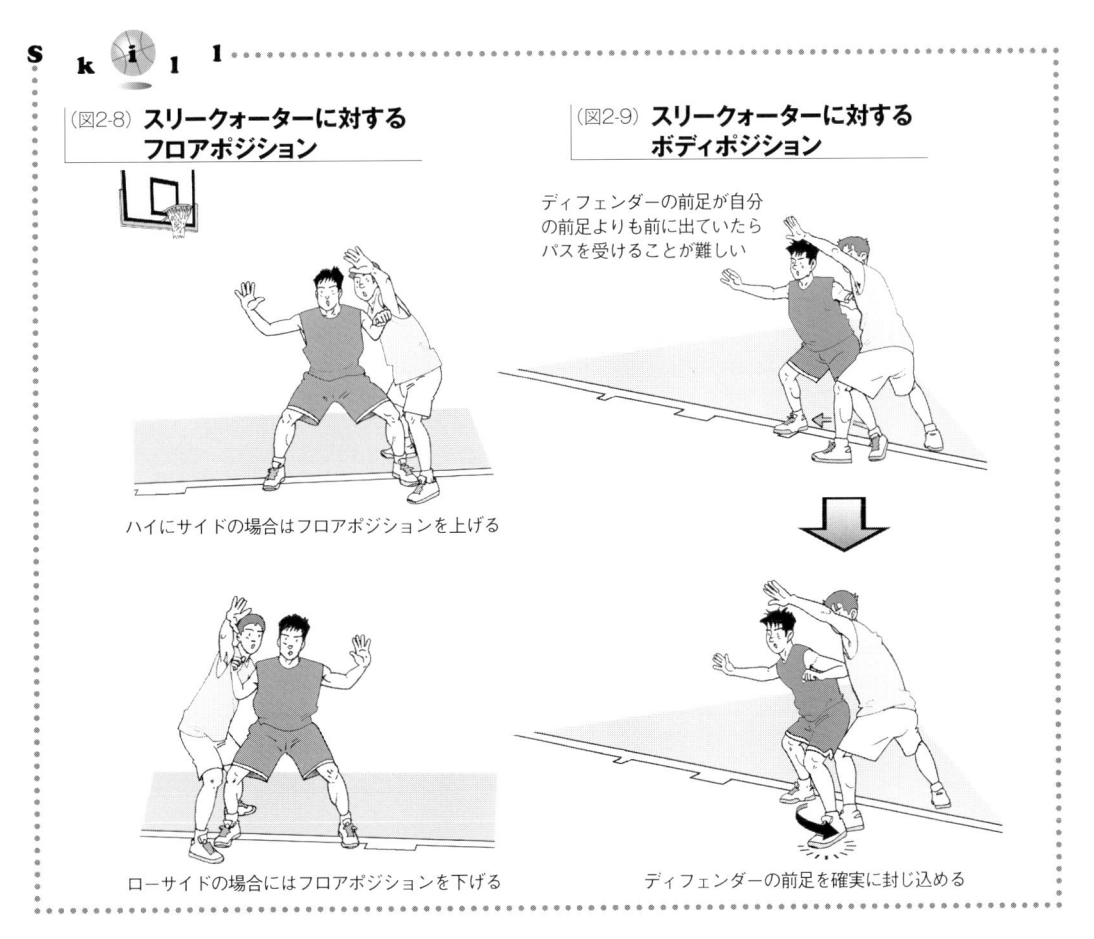

Skill

（図2-8）**スリークォーターに対するフロアポジション**

ハイにサイドの場合はフロアポジションを上げる

ローサイドの場合にはフロアポジションを下げる

（図2-9）**スリークォーターに対するボディポジション**

ディフェンダーの前足が自分の前足よりも前に出ていたらパスを受けることが難しい

ディフェンダーの前足を確実に封じ込める

❷──フロントに対するポジショニング

①フロアポジション（図2-10）

フロントはディフェンスが2番目に好むポジションだが，ボールがベースラインに近い低い位置にある場合にはフロント，高い位置にある場合にはハイサイドからのスリークォーターと分けて指導しているコーチもいる。

ディフェンダーがフロントでまもってきた場合，制限区域から少し外に出て（1歩から1歩半）ポジションをとる。このとき，味方はまずウィークサイドをクリアすることが大切だ。

②ボディポジション（図2-11）

フロントされた場合，ディフェンダーに対して半身になり，ディフェンダー側の前腕部を相手の腰部にあて，逆側の手をターゲットハンドに上げる。そうすれば，ディフェンダーの頭越しのロブパスを受けることができる。ロブパスを受けるときには，パスがディフェンダーの頭上を通過するまでディフェンダーを抑えておき，頭上を通過したらディフェンダーを突き飛ばさないように注意してディフェンダーから離れてボールをキャッチする。ロブパスは，ポストプレーヤーが1歩でキャッチできる範囲よりも長くならないようにする。ロブパスの場合に限って，キャッチしたあとに肘を張る必要はない。キャッチしたらすぐにゴールに向かってジャンプし，パワーレイアップにもち込めばよい。

❸──ビハインドに対するポジショニング

①フロアポジション

ディフェンダーがローポストをビハインドでまもってきた場合——これは近代バスケットボールでは自殺行為ともいえる——ビッグブロックを大きくまたぐような位置にポジショニングすれ

ばよい。ただし，得点力の高いローポストプレーヤーをビハインドでまもるということは，ペリメター*17からのヘルプが来るものと考えておかなければならない。

②ボディポジション（図2-12）

ディフェンダーがビハインドでまもってきた場合，通常よりも少し深く膝を曲げ，**両手をターゲットハンドに上げる**。ここでディフェンダーがパスを叩こうとして，後ろから接触してくるミスを犯してくれればしめたものだ。スタンスは肩幅よりも少し広めにとり，ビッグブロックをまたぐようにする。ディフェンダーの位置は臀部で感じとる。ポジションを維持するためには，ディフェンダーの動きに合わせて自分も動かなければならない。ディフェンダーが右に動けば，すばやい**スライドステップ**を使って右に動く。ディフェンダーを感じる方向と逆の足に体重をかけることがすばやく動くコツだ。

＊

ディフェンダーはオフェンスプレーヤーが有利にならないようなディフェンシブポジションをとってくるが，ポストアップの位置を制限区域に沿って上げたり下げたり（スリークォーターの場合，図2-8参照），外へ広げたり（フロントの場合，図2-10参照）することによって，有利なフロアポジションを獲得できる。このフロアポジションのとり方によって，パスを受けるためのスペース，あるいはパスを受けたあとにプレーするスペースを確保できるかどうかが決まる。

ポジショニングの際には，相手チームのディフェンスシステムも考慮する必要がある。ペリメターはミドルライン側へ追い込むようにディレクションをかけ，ローポストはハイサイドからスリークォーターでまもらせる*18など，コ

＊17．ペリメター［perimeter＝周辺］：周辺エリアのこと。おもにスリーポイントラインよりも外側のアウトサイドエリアを指す。
＊18．ペリメターはミドルライン側へ追い込むようにディレクションをかけ，ローポストはハイサイドからスリークォーターでまもらせる：ペリメターをベースライン側へディレクションをかけてまもり，ローポストをハイサイドからスリークォーターでまもると，ペリメターからベースライン側へのドリブルの1対1に対してポストのディフェンダーがヘルプできないという考え方。逆も同様。

skill

(図2-10) ウィークサイドのクリア

半身のポジションでターゲットハンドを出す

ウィークサイドのプレーヤーは，ロブパスのためのスペースを作り出すためにハイポストへフラッシュする

(図2-11) ロブパスのキャッチング

ボールがディフェンダーの頭上を通過するまではコンタクトを保持する

ボールは下げずに，そのままパワーレイアップへ

1歩でキャッチする

(図2-12) ビハインドに対するボディポジション

スライドステップを使って，前に出ようとするディフェンダーの動きを封じる

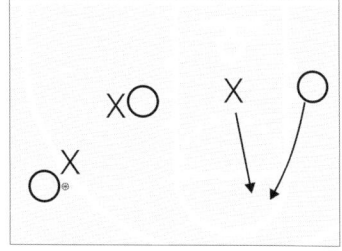

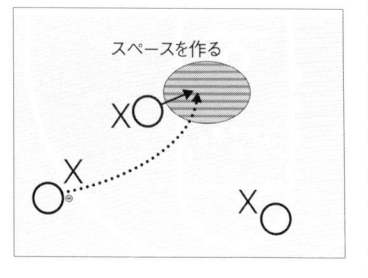

スペースを作る

ーチによって考え方はさまざまだ。スカウティングレポートや，ゲーム最初の攻撃への対応によって，相手コーチの考え方はわかってくる。それをうまく利用するのが賢い戦い方だ。

❹——ゾーンディフェンスに対するポジショニング

　相手がゾーンディフェンスの場合，マンツーマンよりもポストアップしやすいはずだ。ゾーンでは，ディフェンダーは基本的にボールに正対するオープンスタンスでまもるケースが多く，最初にゴールと逆側の手を上げておき，オフェンスが制限区域に入ってきたら両手を上げるケースが多い。そこで，制限区域を横切ってディフェンダーに近づいたら，両手をディフェンダーの肩よりも上に上げ，ディフェンダーと接触したら相手の下がっている側の手の上に下ろす（図2-13）。ペリメターのボール保持者は，ポストプレーヤーが腕を下ろした瞬間に，逆側のターゲットハンドへパスすればよい。ディフェンダーは腕を押さえられた状態になるので，パスをスティールできなくなるはずだ。腕を押さえられていれば，反対側の手でボールをスティールするためにステップすることも簡単にはできないだろう。ディフェンダーが無理にでも前に出てパスをスティールしようとすれば，レイアップへもち込めばよいし，逆に，後ろに下がってインライン*19をまもってくるようであれば，ターンアラウンドのジャンプショットを打てばよい。

▶ドリル

　正しいポジショニングの方法を身につけるためには，オフェンスがビッグブロックに立ち，ディフェンダーが4種類のまもり方（フロント，ビハインド，ハイサイドとローサイドからのスリークォーター）をしかける練習が最も効果的だ。ディフェンダーのまもり方に合わせてすばやく，適切なフロアポジションとボディポジションをとれるように練習する。コーチは，それ

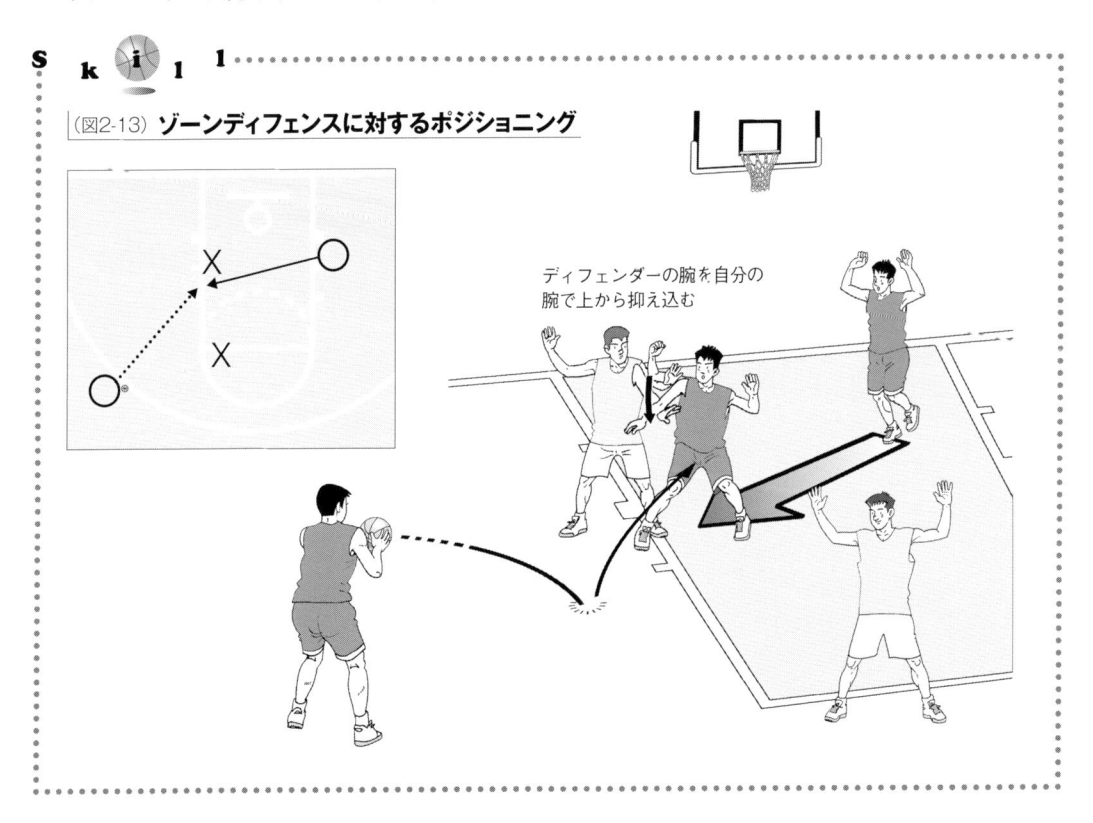

Skill

（図2-13）**ゾーンディフェンスに対するポジショニング**

ディフェンダーの腕を自分の腕で上から抑え込む

それのポジションが正確にとれているかをチェックし，オフェンスの問題点を修正する。この練習は，週に数回は必ずおこなうこと。正しくポジショニングできるようになったところで，ドリル❸によって実戦的なポストプレーを身につけていくとよい。このドリルは，ストロングサイドでのポジションどりを練習する最初のメニューだ。このドリルは，オフェンスが最初からストロングサイドにいる状態から始めてもよいし，ウィークサイドにいる状態から始めてもよい。ローポストでとったポジションを維持するためには，筋力が必要だ。ドリルのなかで，ボールが①から③へパスされる間に，⑤がX_5をハイサイドに抑え込むことができれば，③は⑤へパスし，⑤はドロップステップからパワーレイアップできるだろう。①，③，⑤はX_5の動きを読むことが肝心だ。⑤は，X_5をコントロールするために相手とのコンタクトをうまく使い，X_5の裏をかくことを身につけなければならない。X_5にわざとミスをさせるように仕向けておいて，そのミスをリカバリーさせないようなプレーができるようになれば言うことはない。

STEP-3
パスを受ける

　ポストプレーヤーとパッサーが協力して正確なパスをおこなうためには，(1)ポストプレーヤーがターゲットハンドを示す→(2)ボール保持者がディフェンダーのいないエリアにパスする→(3)ポストプレーヤーが両手でキャッチするという3つのスモールステップを確実におこなう必要がある。

❶──ターゲットハンドを示す

　ポストプレーヤーにとっては，自分がオープンだと感じた側，すなわち，ディフェンダーと逆側の手がターゲットハンドになる。足と体をうまく使ってディフェンダーのプレッシャーに負けないようにしながら，パスの目標ができるよう積極的にターゲットハンドを出す（図2-14）。

　ターゲットハンドの上腕部は床と平行になるようにし，前腕部は上腕部に対して垂直になるようにするが，肘の角度は90度以上に広げても構わない。手のひらはパッサーに向け，リラックスして指を伸ばす。このリラックスした感覚は，指をいったん力いっぱい大きく開いてから，すっと力を抜くことによって得られる。この感覚を身につければ，ターゲットハンドを出したときに，手に力が入りすぎるのが防げ，手のひらの軽いわん曲によってパスを柔らかくキャッチできるようになる。

❷──ディフェンダーのいないエリアにパスする

　ペリメターのパッサーは，オープンになった

Skill

（図2-14）ターゲットハンド

ディフェンダーと逆側の手を必ずボール保持者に示す

上腕部は床と並行に

*19. インライン：オフェンスプレーヤーとゴールを結んだ仮想線。　〈P.26〉*20. フリップロブパス [flip＝ひょいとすばやく投げる／lob＝高く投げる]：手首のスナップを使った，ディフェンスの頭上を越えるループ状のパス。　*21. フリップパス：手首のスナップを使い，ディフェンスの隙き間をすばやく通すパス。　〈P.27〉*22. ミドルドライブ：ミドルライン側へドリブルで攻撃をしかけること。ベースライン側へドリブルで攻撃をしかける場合には「ベースラインドライブ」と表現する。

skill

（図2-15）3種類のパス

● フリップロブパス

● バウンスパス

● フリップパス

と判断してターゲットハンドを出したポストプレーヤーに対して、ヘルプディフェンスの有無も視野に入れながら、本当にそのスペースがオープンなのかどうかを確かめてからパスを出さなければならない（P.110「ポストスコアリングセオリー」参照）。パスを出すときのポイントは、ポストプレーヤーの体に向かってパスをするのではなく、ディフェンダーのいないエリアにパスすることだ。

ローポストへのパスとして、フリップロブパス[20]、バウンスパス、フリップパス[21]の3種類を指導している（図2-15）。

① フロントのディフェンスに対してはオーバーヘッドフリップロブパス
② ビハインドとスリークォーターのディフェンスに対してはバウンスパス
③ ゾーンディフェンスに対してはオーバーヘッドフリップパス

ディフェンスの状態に応じてパスを使い分けるように指導することによって、レシーバーとパッサーの間で、どの軌道でパスが来るのか、どの軌道へパスを送るのかについての共通理解ができ、不用意なターンオーバーを減らすことができる。

長身プレーヤーに対してバウンスパスを送ることについては、コーチのなかでも賛否両論がある。長身プレーヤーはバウンスパスをうまく処理できないと考えるコーチもいるからだ。しかし、長身プレーヤーのハンドリングはトレーニングによって向上させることができるし、バウンスパスも適切におこなえば、ボールは腰あるいは胸の高さにくるので、長身プレーヤー（ポストアップするガードやフォワードも同様に）であっても簡単にキャッチできるようになる。

図2-16は、ペリメターのディフェンダーが、インサイドプレーヤーのヘルプのために下がり気味にポジショニングしたため、インサイドへパスができない状態を示している。このような

状態では、パッサーが自分のディフェンスの位置に応じて、ドリブルを使ってパスのアングルを作らなければならない。パッサーの判断力が問われるところである。この状況では、①がX_1に向かって1ドリブルし、ジャンプストップした直後に⑤にパスを入れる。あるいは①がベースライン側かミドルライン側のどちらかへクロスオーバーしてドライブし、⑤へパスすることもできるだろう。図中の動きは、①のミドルドライブ[*22]に合わせて⑤がミドルライン側へドロップステップを踏んでX_5に対してポジションをとり、①がステップバックしてパスのコースを作ってサイドハンドのバウンスパスを通したプレーだ。パスを受けた⑤はムーブをしかけ、そのままショットにもっていくか、あるいはX_1がダブルダウンに来たときに①へリターンパスをするかの判断が必要だ。いずれにしても①の判断が重要になると同時に、その①の意図を⑤が読みとれなければならない。

❸ 両手でキャッチする

ボールは両手でキャッチするのが原則だ。パスされたボールは、片手でも受け止めることはできるが、床に落とさずにきっちりとキープするためには両手でキャッチする必要がある。

キャッチの姿勢については、ディフェンダーの身長が自分と同じか、あるいは高い場合には低い姿勢をとり、逆にディフェンダーのほうが小さい場合には身長差を生かすために高い姿勢をとるとよい。

キャッチの瞬間に気をつけることは、ボールをわずかに迎えにいくことだ。そして、すぐに逆側の手をボールに添えてあごの下にもってきて、両肘を広げてボールをプロテクトする姿勢をとる。ただし、ロブパスの場合にはボールを高い位置でキャッチしたまま下げない。どちらにしても、ボールをキャッチしてからすぐにムーブをしかけるか、直接ゴールへ向かうようにする（図2-17）。

Skill

（図2-16）下がり気味のディフェンスに対する工夫

ディフェンダーが下がり気味にまもっていたらドリブルを使って自分が攻撃し、ディフェンダーを動かす

skill

(図2-17) キャッチング（ビハインドの場合）

両肘を広げる

BAM!

ボールはあごの下

ジャンプストップ

(図2-18) キャッチング（スリークォーターに対してボールにミートした場合）

オープンなエリアへパス

ボール方向にミート

ジャンプストップ

長身プレーヤーにはハンドリングの悪いプレーヤーが多く，簡単なパスでもファンブルしてしまう。これは，ボールを受ける瞬間に手に力が入りすぎて硬直してしまい，ボールを迎えにいけないことが原因だ。適切な練習を正しくおこないさえすれば，長身プレーヤーでも柔らかいキャッチングができるようになる。

キャッチの動作だけでなく，ボールを受ける前の動きも重要だ。ポストエリアでボールを受けるプレーヤーは，必ずパッサーとアイコンタクトし，常に両手を上げていつパスが来ても対処できるように準備すること。そして，必ずパスが出された方向にミートする（図2-18）。十中八九，パッサーはオープンなスポットに向けてパスをしているはずなので，ディフェンダーもローポストをまもるために，パスに合わせて動いてくる。このとき，オフェンスもパスに合わせて動けばローポストのポジションを維持できる。キャッチしたあとは，ジャンプストップを使って両足で着地する。こうすれば両足をピボットフットに使え，バランスが良くなり，しかも体に力が入る。ディフェンダーにぶつかった瞬間にボールを失うということもなくなる。

➡ドリル

コーチは，ポストプレーヤーのハンドリングを向上させるために，第8章で紹介する練習を取り入れよう。「ピッチャーズ ドリル」(P.133)は，柔らかいキャッチング動作と同時に，目と手のコーディネーションを高める。また，「壁から跳ね返るボールのキャッチング」(P.130)は，キャッチしたあとのすばやい動きを高めることができる。「ハンドグリッパー」(P.130)による指の筋力トレーニングも欠かさずおこなうようにする。ドリル❹とドリル❺で紹介する2つのフルコートドリルも，ボールハンドリングを向上させるだけでなく，コーディネーション，アジリティ（機敏さ），走力，持久力を高めるのに有効だ。長身プレーヤーを急成長させるためには，ハンドリングだけでなく，体力の諸要素を全面的に高める必要がある。

STEP-4
ムーブをしかける

　ローポストでボールを受けたら，次のステップは得点のためにムーブをしかけることだ。ポストプレーヤーの攻撃は常にシンプルかつ論理的でなければならない。ポストプレーヤーは，まず2つの基本ムーブを身につけ，それらをマスターしたら，4つの初級ムーブへと進む。

❶──基本ムーブ
A．ドロップステップ

　ドロップステップ[*23]は，自分のリードフットをゴール方向に引いてディフェンダーの足の動きを抑えるリバースピボットのことだ。ドロップステップは，ベースライン側とミドルライン側の両方にしかけることができる。ベースライン側の場合にはパワーレイアップにもち込み，ミドルライン側の場合にはフックレイン[*24]もしくはターンアラウンドのジャンプショットにもち込む。ドロップステップからショットまでの過程では，必要に応じてスライドステップドリブルを入れることもある。

①スリークォーターに対するドロップステップ

　ディフェンダーがハイサイドかローサイドのスリークォーターでまもってきたら，ドロップステップを使うチャンスだ。ドロップステップを使うことによって，ゴールに向かってダイレクトに攻撃できる。

　図2-19に，ディフェンダーがスリークォーターでまもってきた場合のドロップステップの足さばきを示した。まずディフェンダーに対して正しいポジションをとらなければならないが，ボールをキャッチする前にドロップステップの動きを始めることがポイントだ。パスがローポストエリアに入った瞬間に，ディフェンダーの後ろ足を引っかけることができる位置まで自分のリードフットを引く。このタイミングが遅ければディフェンダーにリカバリーされてしまうし，タイミングが早すぎればディフェンダーにステップインされてスティールされてしまう。ドロップステップはタイミング[*25]が命だ。練習を繰り返すことで，適切なタイミングを身につけるとよい。ドロップステップを踏んだときにディフェンダーの背中にリードフット側の肘をあてるようにするが，その肘で相手を押さえたり，押したり，引っかけたりしないようにしなければならない。ドロップステップがうまくいったかどうかは肘の感覚でわかる。バランスをとり戻す必要があるとき，あるいはゴールからの距離が少し遠いときには，スライドステップドリブルを1回使う。

②ビハインドに対するドロップステップ

　図2-20のように，ディフェンダーがビハインドでしかもタイトにまもってきた場合には，ドロップステップやターンアラウンドをしかけたい方向の逆側へすばやくボールを見せるボールフェイクを入れる。このフェイクは，本当にその方向へ攻撃するように見せなければならないが，両足は床に着けたままにしておくのがポイントだ。そうしなければ，次のドロップステ

---

*23. ドロップステップ：ドロップステップという用語は，ある一つのプレーを指し示す固有名詞（ニックネーム）のように使われることが多いが，本来は，ゴールに背を向けた状態から片足をゴール方向へ引くという基本動作を指す用語だ。本書では，基本動作であるドロップステップを，ディフェンスに応じてどのように使うかについて解説している。　*24. レイイン：本書では，「レイアップ」はボールをリングよりも低い位置でリリースし，スナップを使って軽く上に投げ上げる感じのショットを指すのに対して，「レイイン」はレイアップショットと同じショットの形だが，ボールをリングよりも高い位置でリリースし，リングを越えてボールをおいてくる感じのショットを指す。本書のなかで，レイインという表現が多いのは，それだけアメリカのポストプレーヤーのショットのリリース位置が高いことを示すものでもある。　*25. ドロップステップのタイミング：キャッチと同時に足をゴール方向へ引くドロップステップの動作は，「縦足」という表現で指導されているものと同じ。ディフェンスがスリークォーターでまもった場合には，もらいざまにドロップステップする。ディフェンスがビハインドの場合には，肩越しにボールフェイクを入れ，ディフェンスの位置を確認してからドロップステップする。

skill

(図2-19) スリークォーターに対するドロップステップ

❶ベースライン側へ　❷ミドルライン側へ

ドロップステップのタイミングが遅ければディフェンダーにリカバリーされてしまう

ジャンプストップでドロップステップのポジションをとる

ドロップステップのタイミングが早すぎればステップインでスティールされてしまう

ドロップステップ

少し距離があればスライドステップドリブルからジャンプストップ

ターン

少し距離があればスライドステップドリブルからジャンプストップ

パワーレイアップ

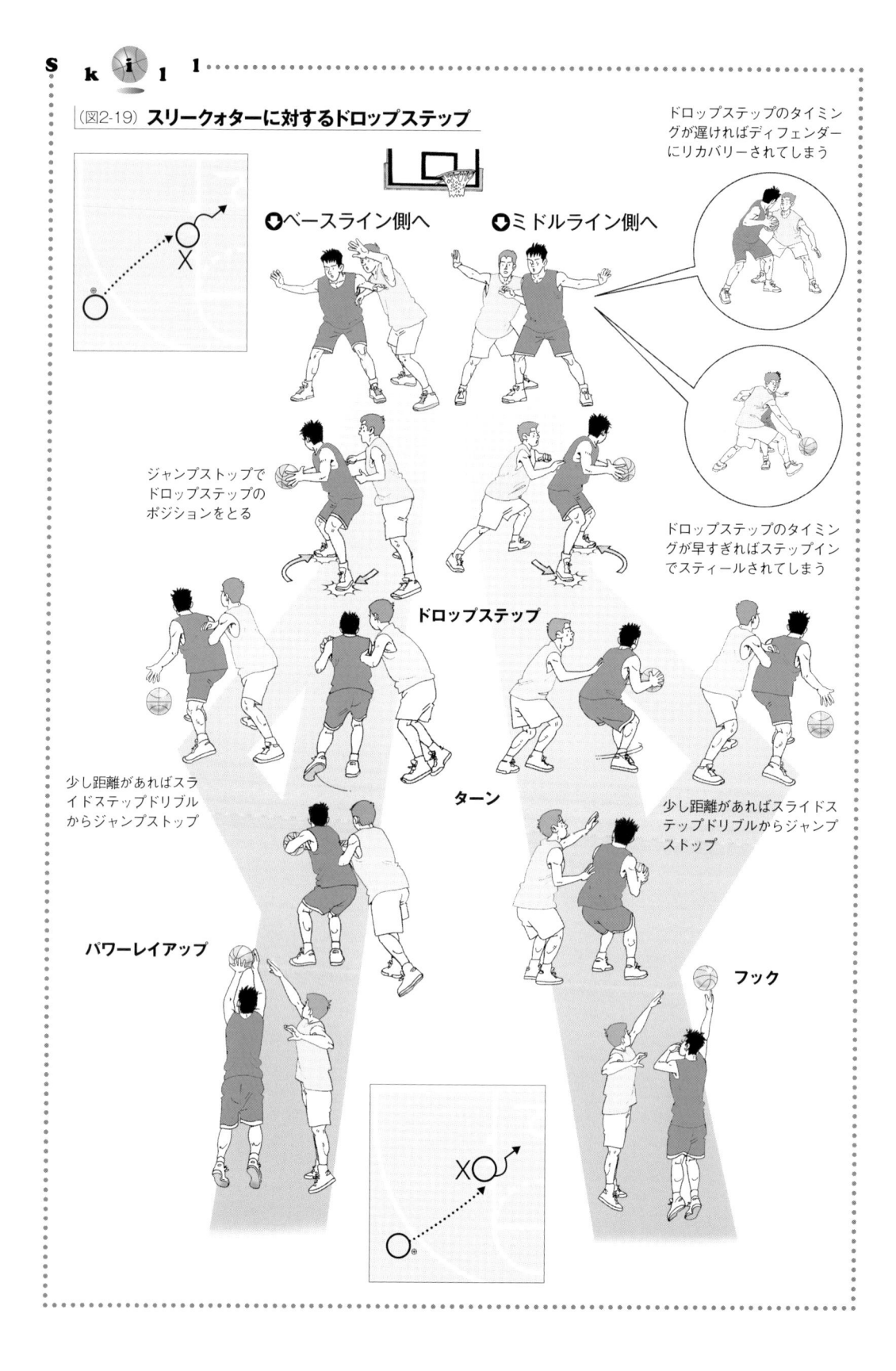

フック

skill

(図2-20) ビハインドに対するドロップステップ

○ボールフェイク側への
　ドロップステップ

○ボールフェイクの逆側への
　ドロップステップ

ジャンプストップ

スペースがない！

スペースがある！

ボールフェイク

両足は動かさない

両足は動かさない

ドロップステップ

ドロップステップ

スライドステップドリブルからジャンプストップ

少し距離があればスライドステップドリブルからジャンプストップ

ショット

ゴールに近い場合はそのままフックへ

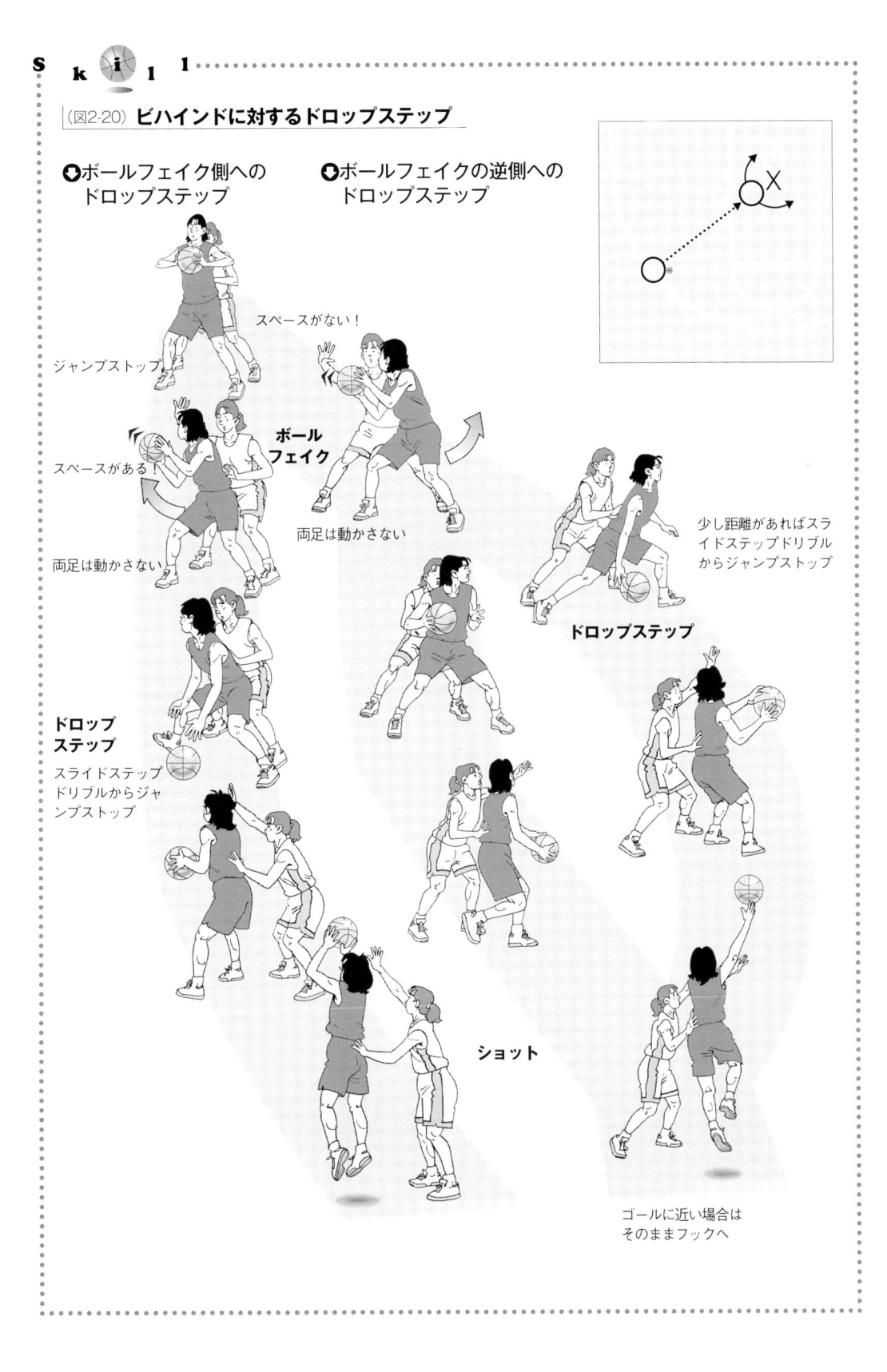

ップでトラベリングになってしまう。

　例えば，左にドロップステップしたければ右肩のすぐ上にボールフェイクをし，顔も同じく右に向ける。このとき，目線だけは下に向け，ディフェンダーの足の位置でポジションを確認する。ディフェンダーが真後ろにいるか，もしくはフェイクをした方向に動いていれば，左足でドロップステップをしかけ，ディフェンダーの左足を抑えるようにする。

　では，最初からディフェンダーが左寄りにいるときはどうだろうか。それでもドロップステップは使える。この場合，右肩の上にボールフェイクをしてディフェンダーの位置を確認すると，ディフェンダーが視野に入らないので，左からオーバープレーしていることがわかる。ボールでフェイクしただけでどちらの足もまだ動かしていないので，右足を引いてドロップステップをしかけ，相手の右足を抑え込めばよい。

＊

　ベースライン側へドロップステップを踏んでパワーレイアップにもち込むには，ゴールに向かってターンし，ディフェンダーとゴールの間に自分の体を入れることがポイントだ。ゴールから遠いと判断したときは，スライドステップドリブルを使ってゴールに近づけばよい。

　また，ミドルライン側へドロップステップを踏んでフックレインもしくはターンアラウンドのジャンプショットにもち込むにも，ショットが打てる向きまでターンすることがポイントだ。ドロップステップからゴールに正対せず，半身の状態のままジャンプショットを打ってまた成功させたとしても，それをよしとせず，一連の動きがきちんとできるようになるまで辛抱強く，時間をかけて練習することが大切だ。

B．ターンアラウンド

　ターンアラウンドは，シンプルなフロントピボットで，ベースライン側とミドルライン側の，両方へしかけることができる（図2-21）。

　ボールフェイクを使って相手の位置を確認したときに，ディフェンダーがドロップステップを予測して1歩下がってルーズにまもっていた場合は，少なくともドロップステップを使うことはできない。そこで用いるのが，ターンアラウンド（フェイスアップ）の動きだ。

　ターンアラウンドでは，180度ターンするピボットが必要であり，完全に180度ターンすれば，フロントフットがゴールに真っすぐ向き，ゴールに正対したジャンプショットが打てる体勢になる。ディフェンダーは，下がった状態からショットを防ぐためにどうしても1歩前に踏み込んでオフェンスとゴールを結んだ線上に入らなくてはならないので，その分不利になる。ディフェンダーとのこの位置関係のズレを利用して，ショットやそのあとのムーブをしかけるチャンスをつかむのだ。

　ターンアラウンドは，ただ単にすばやくおこなえばよいというものではなく，しかけるタイミングが重要になる。これは，練習を重ねることによって身につけなければならない。

❷──初級ムーブ

　ドロップステップをしかけたあとでディフェンダーのカットオフショルダー[*26]（あるいはヘルプディフェンス）が視野に入った場合，あるいはディフェンダーの位置を読み誤り，間違った方向にドロップステップをしかけてしまった場合には，そのまま動きを続ければチャージングになってしまうので，ただちに違うムーブへ移行することになる。そこで初めて4つの初級ムーブを組み立てる必要が生じる。オフェンスはディフェンスの状態に応じて，4つの初級ムーブ（ステップスルー，スピン，ハーフスピ

---

*26．カットオフショルダー：オフェンスプレーヤーがゴールへ向かうコースを完全に遮るディフェンダーの内側の肩のこと。

skill

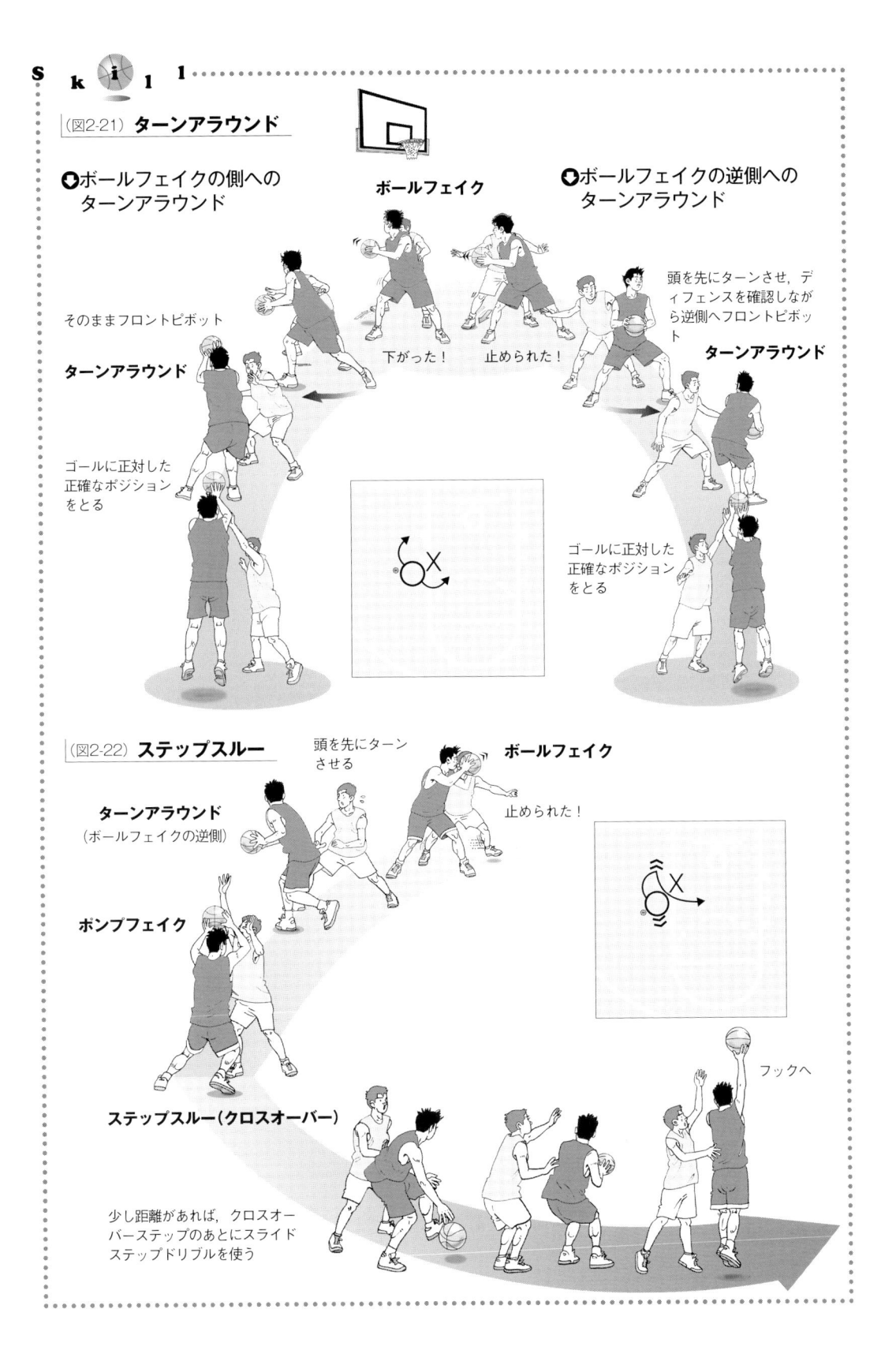

(図2-21) ターンアラウンド

⬇ ボールフェイクの側への
　ターンアラウンド

ボールフェイク

⬇ ボールフェイクの逆側への
　ターンアラウンド

そのままフロントピボット

下がった！　止められた！

頭を先にターンさせ、ディフェンスを確認しながら逆側へフロントピボット

ターンアラウンド

ターンアラウンド

ゴールに正対した正確なポジションをとる

ゴールに正対した正確なポジションをとる

(図2-22) ステップスルー

頭を先にターンさせる

ボールフェイク

ターンアラウンド
（ボールフェイクの逆側）

止められた！

ポンプフェイク

ステップスルー（クロスオーバー）

フックへ

少し距離があれば、クロスオーバーステップのあとにスライドステップドリブルを使う

1. 得点するための6つのステップ

ン，ポンプフェイク）のどれを選択するか瞬時に判断しなければならない。

C．ステップスルー

ステップスルーは，ターンアラウンドでピボットした足を**クロスオーバー**させてディフェンダーの横をすり抜けるステップのことであり，ターンアラウンドのカウンタープレーになる（図2-22）。

ベースライン側にターンアラウンドをしかけた場合，オフェンスはディフェンダーから遠ざかる状態でジャンプショットをねらえる。そのショットを何回か成功させれば，普通ディフェンダーはショットを防ぐために1歩踏み込んでくる。この瞬間に，ベースライン側の足をクロスオーバーさせ，ディフェンダーの横をすり抜けるのだ。必要ならばドリブルを1回つけばよい。これで，ミドルライン側へドロップステップをしかけたときと同じ状態になっているはずであり，フックレインへもち込める。

D．スピン

スピン[*27]は，ドリブルをともなったドロップステップをディフェンダーに止められたとき，すぐに逆側へドロップステップを踏み，フロントピボットでゴールに正対する動きである（図2-23）。この場合，最初のドロップステップを止められたあと，いったん逆側へドロップステップを踏んでジャンプストップし，さらにフロントピボットをおこなう方法と，ストライドステップを使って逆側へのドロップステップとフロントピボットを一気に回転しながらおこなう方法の2種類がある。

最初にドロップステップをしかけるが，ディフェンダーのカットオフショルダーが見えたらショットができないと判断し，ドリブルを止めながらスピンしてショットにもち込む。ショットは，プレーが終わった位置によって決まる。ミドルライン側ならフック，ベースライン側ならパワーレイアップだ。

スピンは，ベースライン側へドロップステップ→ミドルライン側へスピン→フックレイン，あるいは，ミドルライン側へドロップステップ→ベースライン側へスピン→パワーレイアップという流れで使うことが最も多い。どちらからしかけても，やり方は基本的に同じだ。ターンアラウンド（フェイスアップ）→クロスオーバー→スピン→パワーレイアップと続ける流れもある。

E．ハーフスピン

ハーフスピンは，スピンすると見せかけて，スピンとは逆の方向にフロントピボットする動きのことだ（図2-24）。文字通り，スピンの回転を半分で止めて逆の方向へ切り返す動きになる。スピンを読んで対応したディフェンダーの裏をかくカウンタープレーだ。ハーフスピンも他のムーブと組み合わせることができるため，無限のバリエーションが可能になるが，ストライドストップを使って一気に回転するスピンからは移行できない。

ミドル側へドロップステップを踏んでディフェンダーのカットオフショルダーが見えたとする。ハーフスピンをしかける場合には，ベースライン側へのスピンの途中（ゴールに背を向けた状態）でストップし，そこから左足を軸にスピンとは逆方向へフロントピボットする。スピンを読んで対応したディフェンダーの裏をかくことで，フックレインが可能になる。

F．ポンプフェイク

ポンプフェイクは，ショットを打つように見せかける動きだ（P.7図1-5参照）。ディフェンダーの重心を浮かせて次のプレーに対応できない状態をつくりだすことがねらいなので，本当

[*27．]**スピン**：スピンという用語も，ドロップステップと同様に，一つのプレーを指し示す固有名詞のように使われることが多いが，本来は体の向きを180度以上一気に変える動きを指す。ターンは，軸足を中心に体の向きを変えること。

skill

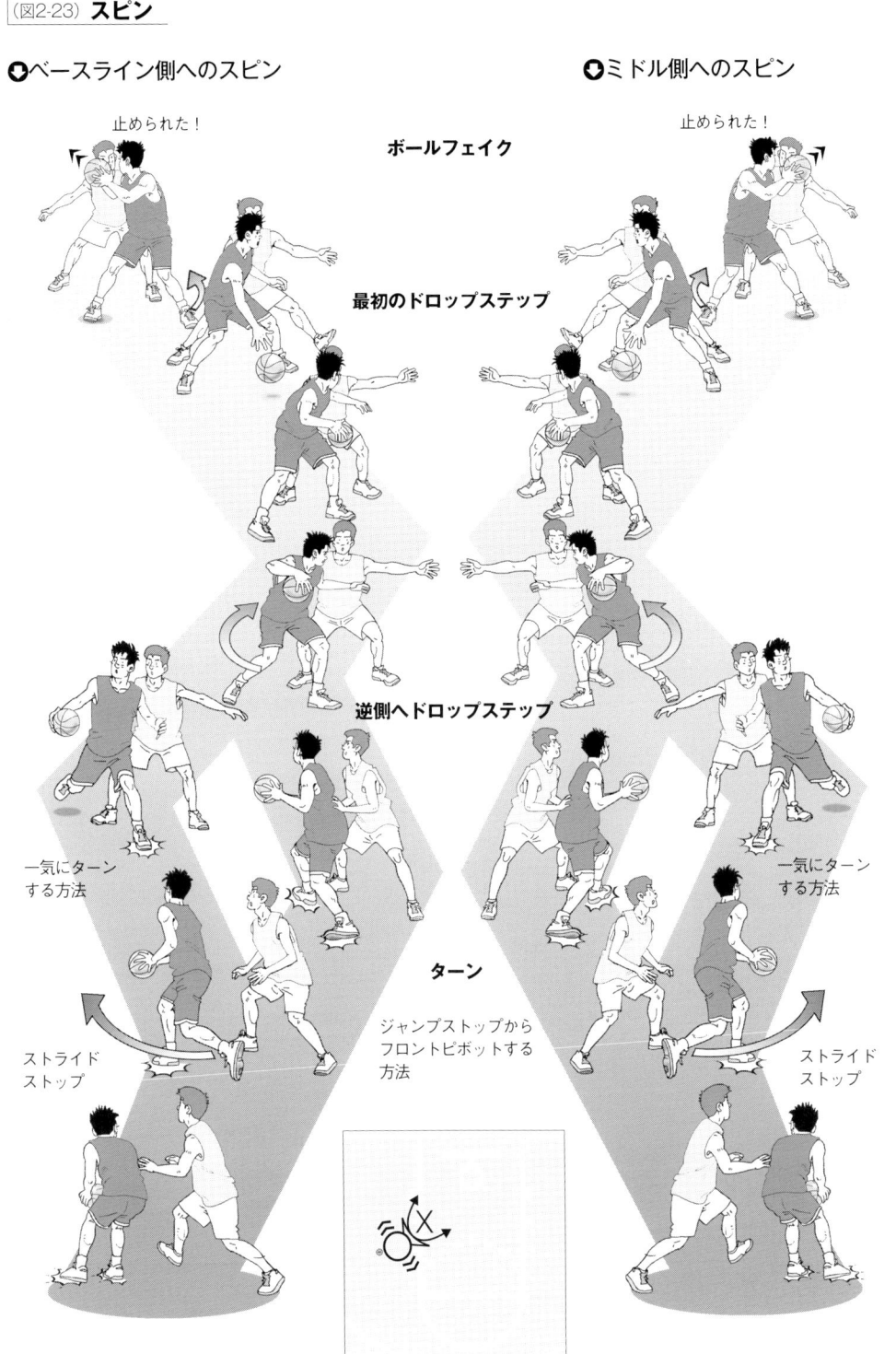

(図2-23) **スピン**

○ベースライン側へのスピン　　　　　　　　○ミドル側へのスピン

止められた！　　　　　**ボールフェイク**　　　止められた！

最初のドロップステップ

逆側へドロップステップ

一気にターンする方法　　　　　　　　　　　　　一気にターンする方法

ターン

ストライドストップ　　ジャンプストップからフロントピボットする方法　　ストライドストップ

1. 得点するための6つのステップ

skill

(図2-24) **ハーフスピン**

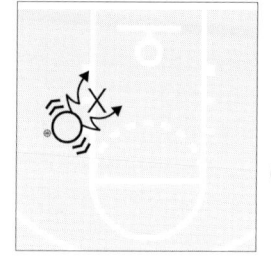

⬇ ミドル側へのハーフスピン　　　　　　　　　　　⬇ ベースライン側へのハーフスピン

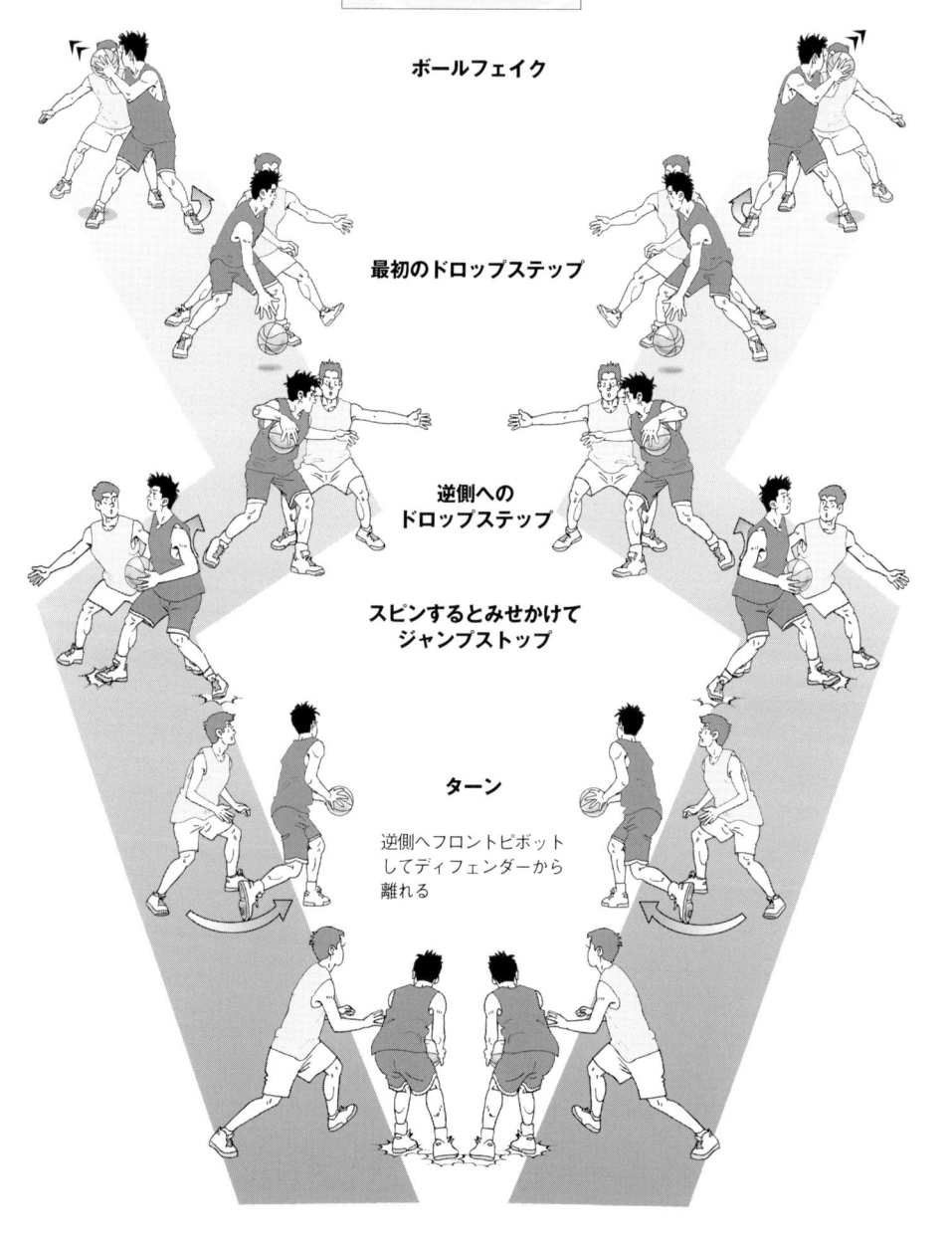

ボールフェイク

最初のドロップステップ

逆側への
ドロップステップ

スピンするとみせかけて
ジャンプストップ

ターン

逆側へフロントピボット
してディフェンダーから
離れる

のショット（パワーレイアップやターンアラウンドジャンプショット）と同じ動きでなければ効かない。膝を曲げ，背筋を伸ばし，両足は床にしっかりと着けて次のムーブをしかける準備をしながら，腕を頭上にフルに伸ばし，ディフェンダーにボールを見せるようにフェイクする。ディフェンダーが跳び上がるか踵を上げて重心を浮かした瞬間に，すかさずショットを打つか，次のムーブに移る。ポンプフェイクを使ってディフェンダーの間を外すことがポイントだ。

ドロップステップをしかけたあとディフェンダーのカットオフショルダーが見えたとき，スピンやハーフスピンではなくポンプフェイクを選択し，ディフェンダーを浮かせてからパワーレイアップにもち込むバリエーションも考えられる。

❸──ムーブシステム（プレーの組み立て）

2つの基本ムーブと4つの初級ムーブを組み合わせたものがファンダメンタルムーブシステムだ。それぞれのムーブを組み合わせれば無限のバリエーションが可能になる。例えば，ベースライン側へドロップステップ→ハーフスピン→ポンプフェイク→クロスオーバーなどだ。創造力さえあれば，ムーブの組み合わせはいくらでも生み出せる。ただし，あまり複雑な動きにならないように注意しなければならない。何事も「Simple is best」だ。

ローポストプレーヤーは，じっくりと時間をかけてムーブシステムを習得しなければならない。まずはドロップステップとターンアラウンドの基本ムーブを確実に，できれば完璧に身につけてから，スピン，ハーフスピンなどの初級ムーブへと進むべきだ。基本ムーブから初級ムーブまでを身につけ，状況に合わせたさまざまなムーブの組み合わせができるようになって初めて，ムーブシステムを習得したといえる。

参考になる2つのムーブの組み合わせを紹介する。ベースライン側へターンアラウンド→ポンプフェイク→ディフェンダーが反応したらクロスオーバーでミドルライン側へ→ベースライン側へスピン→パワーレイアップというプレーだ。この最後のスピン部分のオプションとして，ハーフスピンでミドルライン側へフロントピボット→フックレインというプレーが考えられる。いろいろなムーブの組み合わせを習得できれば，ゴール近辺での得点力は上がるはずだ。ただし，実際のゲームではできるだけシンプルなプレーを心がけること。

➡ドリル

ポストプレーの習熟度をチェックし問題点を修正するためには，「デボー ドリル」が有効だ。自分の正面でボールにバックスピンをかけ，弾んで返ってきたボールを両手でキャッチし，ジャンプストップからポストプレーのムーブに入る。このドリルは，コーチがプレーヤーの技術的な欠点を修正するためにも使えるし，オフシーズンには，プレーヤーが1人でポストプレーを練習するときにも使える。

プレーヤーがポストにフラッシュしてきたところで，ボールを持ったコーチがディフェンダーのまもり方をコールするのもいいドリルだ。『ハイサイド（からスリークォーター）』『ローサイド（からスリークォーター）』『フロント』『ビハインド』のいずれかをコールするもので，オフェンスはそのまもり方に応じた正しいポジショニングとムーブをおこなう。『ハイサイド』と『ローサイド』のコールに対してはドロップステップをしかける。『ビハインド』に対してはターンアラウンド（ベースライン側が望ましい）またはボールフェイクを入れてから逆サイドへドロップステップをしかけるプレーがいいだろう。『フロント』に対してはロブパスを受けてパワーレイアップにもち込む。

ドリル❸は，ローポストでの攻防練習。①から③へのパスに合わせて，⑤はディフェンスを読んでボールがもらえるようにポジショニングする。パスが入ってくる瞬間，⑤は触覚あるいは視覚によってディフェンダーがどこにいるかを見極めていなければならない。パスが入ったら，⑤はすぐに適切なムーブをしかける。

STEP-5
ショットを決める

　基本ムーブ，初級ムーブ，上級ムーブは，すべてターンアラウンドジャンプショット，パワーレイアップ（マッスルショットとも呼ばれる），フックレイインのどれかで終わる（図2-25）。

❶──ターンアラウンドジャンプショット

　ターンアラウンドジャンプショットは，ペリメターのプレーヤーが使うのと同じ基本的なショットだ。シューティングポケット*28を通してボールを持ち上げ，ゴールに向かってスナップする一般的なジャンプショットだ。バックボードに描かれている四角形の少し外側にボールをバンクさせるのがベストだろう。バンクショットは誰にでも習得が簡単で，しかも非常に効果的なショットになる。

❷──パワーレイアップ

　パワーレイアップは，ドロップステップ，スピン，ハーフスピン，あるいはオフェンスリバウンドのあとに使うショットだ。パワーレイアップを成功させるためには，ショットの態勢に入る前にまずあごを引くことがポイントになる。そうすることで体に力が入る。肘を45度曲げて前腕部に力を入れ，ボールを体に引き寄せて強く保持する。ショットはディフェンダーと逆側の肩の上から放つようにする。ディフェンダー側に少し体を傾けて，爆発的にジャンプする。高くジャンプするというよりは，ゴールに向かってダイブするようにおこなう。ボールはバックボードの高い位置に軽く当てる。高い位置に当てるほど，ファウルされても入る可能性が高くなる。

❸──フックレイイン

　フックレイインは，ゴールを越えてボールを置いてくる感じのショートフックだ。ボールがゴールより高い位置に来たところで軽く手首を返すだけでショットは成功するだろう。

➡ドリル

　ドリル❼を使えば，パワーレイアップとポンプフェイクを同時に練習できる。フックレイインの練習にはドリル❻のバリエーションが有効である。毎日継続して練習するとよい。

　個人練習やチーム練習（ドリル❽）のなかで，毎日ポストプレーのファンダメンタルムーブシステムやシュート練習をすることが大切である。

STEP-6
ムーブシステムを使いこなす

　STEP-1からSTEP-5までで，「何を（What）」「どうやって（How）」おこなうかについて述べてきた。しかし，試合のなかでムーブシステムを使いこなすためには，それぞれの技術を「いつ（When）」使うかの判断が最も重要になる。

　ローポストをマンツーマンでまもるディフェンシブポジションは，基本的にスリークォーター，フロント，ビハインドの3種類しかない。しかし，現在はフリースローラインの延長線上よりもボールが高い位置にあるときにはハイサイドからのスリークォーター，低い位置にあるときにはフロントというように，3種類を組み合わせてまもるのが一般的だ。

　さらに，ローポストにボールが入れば，ディフェンスは以下に示したヘルプディフェンスをしかけてくる。今でも，ローポストを1対1だけでまもろうとするチームはあるが，その数は年々少なくなってきているのが実状だ。

---

*28．シューティングポケット：ショット動作で必ずボールが通る場所を指す。ショットの正否を左右する重要な場所だ。シューティングポケットを通ったショットは，成功率が高くなる。

skill

(図2-25) **ショット**

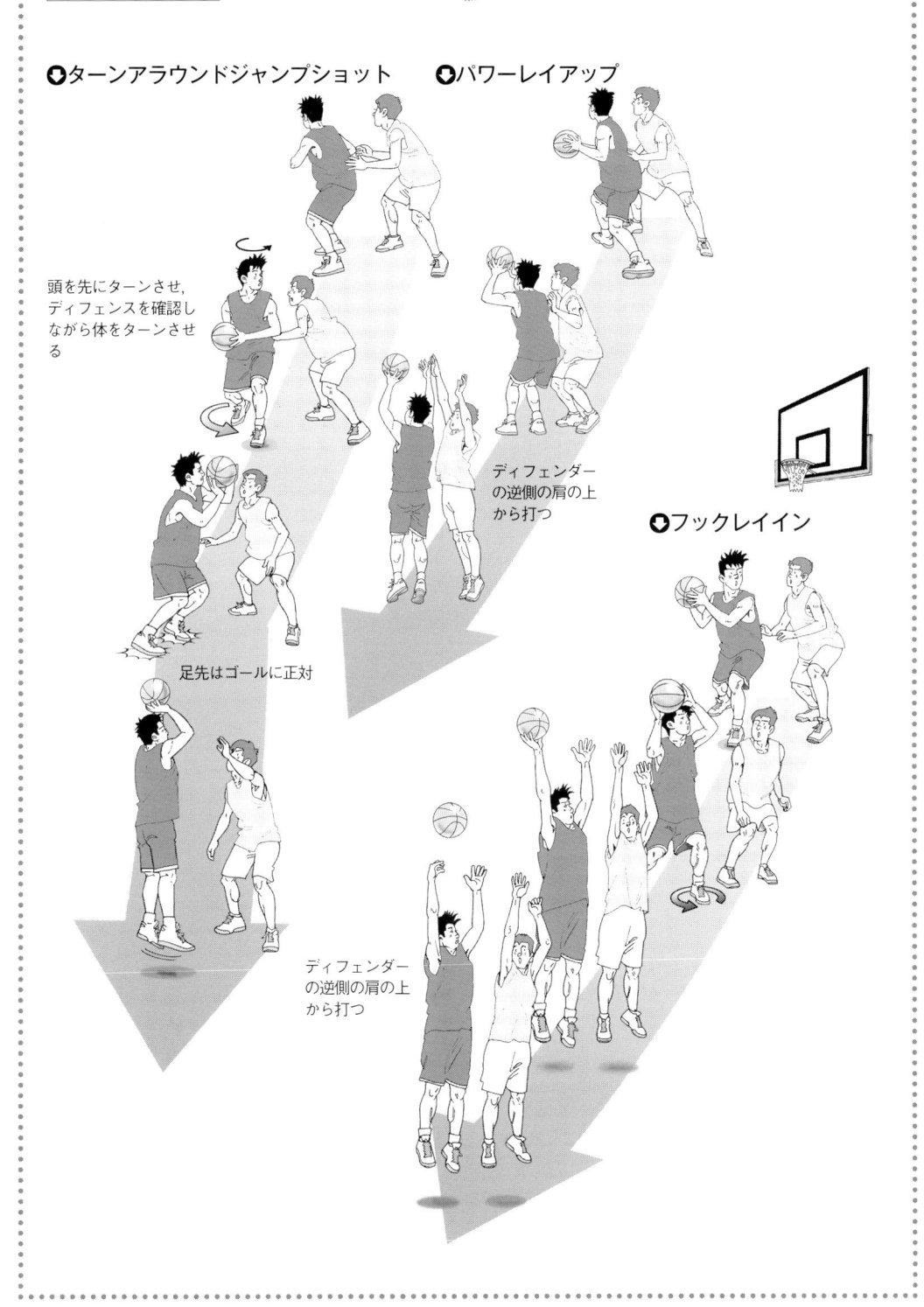

◉**ターンアラウンドジャンプショット**　◉**パワーレイアップ**

頭を先にターンさせ,ディフェンスを確認しながら体をターンさせる

ディフェンダーの逆側の肩の上から打つ

◉**フックレイイン**

足先はゴールに正対

ディフェンダーの逆側の肩の上から打つ

1. 得点するための6つのステップ

(1)ストロングサイドからのダブルダウン
(2)ウィークサイドからのダブルダウン
(3)ウィークサイドからのローテーション

　年間を通じて，3つの基本的なヘルプディフェンスへの対処法をしっかりと訓練しなければならない。また，次の対戦相手がしかけてくると予想されるヘルプディフェンスに対抗する練習も必要だ。あるいは，自チームのディフェンス戦術を用いての練習も取り入れ，オフェンスを教えながら同時にディフェンス面を指導することによって，練習を実際の試合の状況に近づけるのも一つの方法だ。ディフェンスの指導法については，第6章で詳しく説明してあるので，そちらを参照してほしい。

➡ドリル

　動きを「いつ（When）」使うのかの判断は，ヘルプディフェンスを加えたドリル❾や，ヘルプサイドにオフェンスをおいたドリル❿を使って指導する。このドリルをおこなうプレーヤーは，瞬時にどのような1対1を用いるか判断しなければならない。

2.....ハイポストプレーへの応用

　ローポストプレーで紹介したムーブは，ハイポストプレーでも効果的だ。パスを受けた側へまず攻撃をしかけるというセオリーも，ローポストとハイポストに共通している（P.110「ポストスコアリングセオリー」参照）。ハイポスト，ミドルポストでは，これまでに示したローポストでのムーブにロッカーステップが加わる。

1. 基本ムーブの応用

❶──ドロップステップの応用

　ハイポストにフラッシュしてパスを受ける場合にも，ジャンプストップを使う。インターセプトされる危険性が低くなり，両足をピボットフットに使えるからだ。ハイポストではすぐにフェイスアップするか，もしくはドロップステップからドライブしなければならない。そのためにも，キャッチでは膝を曲げ，ヘッドアップし，腰を落とし，背筋を少し前傾させ，肘は外側へ広げ，足は平行にすることがポイントだ。ボールを受けたら肘が床と平行になるように広げ，ボールをプロテクトする。

　図2-26に，ハイポストからのドロップステップを示した。ハイポストにフラッシュした⑤に対して，①はX_5のいないサイドへパスをする。⑤はすぐにドロップステップを踏み，ゴールへ向かってドライブする。ディフェンダーとボールとの間に体を入れるように1ドリブルし，ゴールに向かってジャンプして左手でレイアップする。ハイポストからドライブする場合には，最初の1歩をできるだけすばやく大きく踏み出し，ディフェンダーを一気に抜ききることが大切だ。このロングステップでディフェンダーの半歩前へ出ることができる。ドライブ中には，ドリブルをついていないほうの腕でボールをプロテクトする。レイアップへもち込むときには，ディフェンダーと逆側の腕を伸ばし，ゴールに向かって高く跳び上がる。

❷──ターンアラウンドの応用

　ハイポストは，スリークォーターやフロントではなく，ビハインドでまもるのが一般的だ。ハイポストをフロントされたら，すかさず頭越しにロブパスを送ればよい。ハイポストをフロントするとディフェンスはヘルプができないため，ほぼすべてのチームがビハインドでまもってくる。そこで，ハイポストはボールを受けたらすぐにフロントピボットでフェイスアップし

てゴールに正対すべきだ。リバースピボットよりもフロントピボットのほうがディフェンダーから大きく離れるような錯覚を与えるため，ハイポストではフロントピボットのほうが好ましいと考える。フロントピボット中は，ボールをオーバーヘッドの高い位置にキープするが，ターンが終わったらすぐにトリプルスレット[*29]の構えをする。フェイスアップしたときに，自分の肩をディフェンダーの肩の横に入れることができれば，ゴールへ向かって積極的にプレーしてもよい。ハイポストでボールを受けてフェイスアップしたあと，周りにヘルプディフェンスがいない場合もトリプルスレットの構えをして相手に脅威を与える。この構えによって，ディフェンダーはジャンプショットを止めるために動かざるをえなくなる。

ハイポストでピボットするときには，ピボット中に肩越しからディフェンダーの状態をチェックする習慣をつけるようにする。このチェックによって，ピボットのあとにポンプフェイクを入れるか，ドライブするか，そのままジャンプショットするかをすばやく判断できるようになる。

＊

ハイポストでは，できるだけディフェンダーに背を向けた状況にならないようにすることが望ましい。ハイポストからプレーするときは常に低く重心を落とした姿勢をとることによって，すばやく動くことが可能になり，バランスも良くなる。そして，チャージングを犯さずに急激にストップすることや他のバイオレーションを防ぐことができる。

2. 初級ムーブへの移行

❶——ステップスルーの応用

図2-27は，ディフェンダーの左足の横へオフェンスが右足を大きく踏み出し，ボールを体でプロテクトしながら**ダイレクトドライブ**をしかける足さばきを示している。ディフェンダーのフットワークが悪ければ，ゴールへ向かってダイレクトドライブができる。もし，図2-28のようにディフェンダーが大きく右側へ反応すれば，左への**クロスオーバードライブ**でレイアップへもち込める。

最初のフロントピボットに対して，ディフェンダーがタイトにまもってこなければ，そのままずぐにジャンプショットが打てる（図2-29）。

❷——ポンプフェイクの応用

ジャンプショットのポンプフェイクによって，ディフェンダーを1歩前におびき出すこともできる（図2-30）。ハイポストでのポンプフェイクには，頭と肩を上げる動きを使う。この動きで，ディフェンダーはショットを止めるために前に出てくるので，すかさずダイレクトドライブかクロスオーバードライブをしかける（図2-27，28）。

❸——ムーブシステムの応用

図2-26のケースで，X_5がドライブに追いついたり，X_5の位置を読み間違ったり，あるいはヘルプに来たディフェンダーのカットオフショルダーが見えたような場合には，⑤はレイアップではなく他のムーブを選択しなければならない。どんなムーブが使えるだろうか？　スピンやハーフスピンも使えるし，ドリブルを止めてポンプフェイクを入れてからジャンプショットへもち込むことも可能だ。あるいは，これらのムーブからクロスオーバーにもち込むこともできるだろう。つまり，ローポストで使えたオプションは，ハイポストやミドルポストでも同じように使えるということなのだ。ハイポストでも，ドライブを始めたあとにディフェンダー

[*29]. トリプルスレット：ドライブ，パス，ショットの3つの脅威をディフェンスに与える構え。

4. オーバーヘッドパスを使う

　ゾーンディフェンスのハイポストを攻撃する場合や，ハイポストからパスをさばきたい場合，パスを受けたらすぐに腕を伸ばしてオーバーヘッドの位置にボールを構える。ヘルプディフェンスからボールをプロテクトすることにもなるし，パスをすばやく出すことができるからだ。ハイポストのプレーヤーは，ディフェンスを観察して，ローポストへのパス，ショット，あるいはドライブなどがおこなえるようにならなければならない。

5. ハイポストプレーのポイント

①ハイポストは，可能であればすぐにドロップステップを使ってドライブする。

②ドロップステップが使えないときは，ターンアラウンド（フロントピボット）してフェイスアップする（重心を下げ，ヘッドアップし，膝を曲げ，ジャンプショットのためにすぐに跳び上がれるように準備する）。

③ターンアラウンドしたときにディフェンダーがタイトにまもってきたら，肩を入れて1歩目を大きく踏みだし，パワードリブル1つでレイアップにもち込む。

④ターンアラウンドしたときにディフェンダーがルーズにまもってきたら，ジャンプショットのフェイクを入れる。

　ハイポストにおいても，ディフェンダーのポジションをすばやく察知できるかどうかがポイントになる。ハイポストは，ピボットをしながら肩越しにディフェンダーの状態を観察し，どちら側の足が，どのくらい前に出ているか，あるいはそれがピボットフットに対して右なのか左なのかを読みとれるようになることが大切だ（図2-33）。

　図中のaは，フリーフットをディフェンダーよりも外側に置いた状態を示しており，右への

Skill

（図2-33）**ハイポストでのステップ**

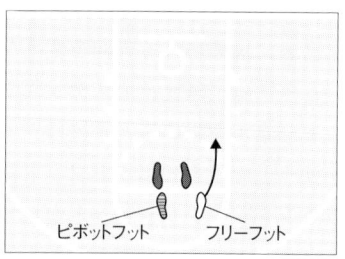

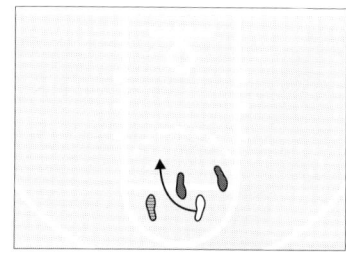

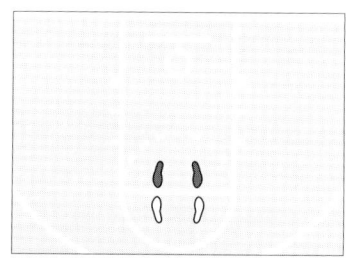

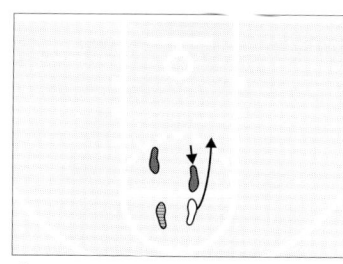

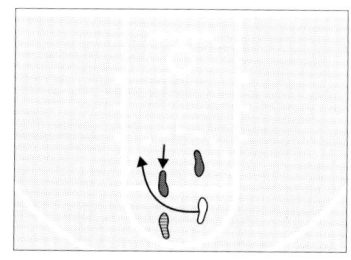

ピボットフット　フリーフット

a

b

c

d

e

ダイレクトドライブが可能になる。このような状況は，ディフェンダーのスタンスがハイポストのオフェンスよりも狭くなったときに起こる。逆に，bに示したように，ディフェンダーがオーバーシフトしてきた場合，左へのクロスオーバードライブが有効になる。cのように，ディフェンダーがインラインでタイトにまもってきた場合には，ポンプフェイクを入れて，ディフェンダーが出した足の側へのドライブができる。dは，ディフェンダーが左足を前に出し，しかもその足がオフェンスの体よりも外に出ていない状態を示している。このときには，そのままダイレクトドライブができる。eは逆に，ディフェンダーが右足を出してきたところである。この場合，左へクロスオーバードライブをしかける。

ハイ・ローセットのオフェンスを採用している場合，ローポストのプレーヤーはハイポストがドライブしてくる側のスペースをオープンにすることを覚えなければならない。クリアの動きにディフェンスが反応しなければ，ドライブするハイポストプレーヤーからパスを受けて簡単にレイアップできる。

フロントピボットは，ディフェンダーから大きく離れるような錯覚を与える。リバースピボットに対してはポジションを変えないディフェンダーも，フロントピボットを使えば，少なくとも体半分横にずれてくれる。ディフェンダーが横に動いた瞬間こそが，ドライブのチャンスだ。

➡ まとめ

バスケットボールプレーヤーであれば，誰もが得点することを夢見ている。そのためには，どうやってオープンになるか，どうやってパスを受けるか，パスを受けたあとにどうやってムーブをしかけ，どうやってシュートするかを理解することが大切だ。同時に，そのタイミングについても熟知する必要がある。これらを理解すれば，得点も可能になるだろう。

基本ムーブ，初級ムーブをマスターすれば（ハイポストのプレーには，ロッカーステップのオプションが加わる），それらを自由に組み合わせたコンビネーションが完成するのである。

ドリル (DRILL ❸〜⓭)

DRILL ❸
ロール ドリル
Roll Drill

目的
★ポストアップの習得。
★ロールの習得。
★ビッグブロックエリアでの正しいディフェンスの練習。
★アボイドザピンの習得。
★リードディフェンス，ムーブ，ショットの習得。
★ストロングサイドまたはウィークサイドからのカッティングの習得。
※ディフェンスは特定のポジション（例えばフロント）でまもってもよいし，コンビネーション（ボールが高い位置にある場合にはハイサイドからのスリークォーター，ボールが低い位置にあるときはフロント）でまもってもよい。

手順
1．ポストプレーヤーをコートの外側，あるいはカッティングさせたい場合にはウィークサイドのビッグブロックに並ばせる。
2．X_5がディフェンス，⑤がオフェンスになる。①と③はコーチでもいいし，ポストプレーヤーでもアウトサイドのプレーヤーでもよい。
3．オフェンス→ディフェンス→順番待ち，の順にローテーションする。①が③へパスをしたらX_5は⑤にポジションをとられないようにする。⑤はポジションをとるための正しいポストアップの技術や，ディフェンダーから有利なポジションをとり戻すためのロールを使う。
4．①か③が⑤へパスできたら，⑤はクイックムーブでシュートする。終わったらディフェンスにまわる。
5．このドリルを使ってオフェンスを指導する前に，ディフェンスにビッグブロックのまもり方とアボイドザピンの方法（P.94参照）を指導しておく。年間に対戦するどの相手よりも自チームのディフェンスが良くなるように要求することが大切だ。ディフェンスが良くなることによって，オフェンスも切れ味鋭く，よりすばやくなるからだ。

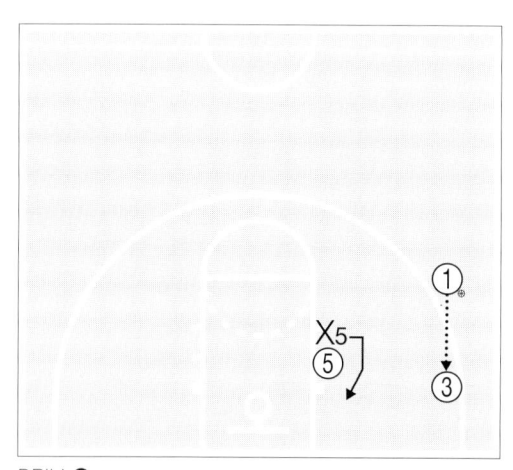

DRILL ❹
ビッグマンズファストブレイク ドリル
Big Man's Fast-Break Drill

目的
★柔らかいハンドリングの習得。
★コンディショニング。
★コーディネーション，アジリティ，持久力の強化。

手順
（箇条書きの番号は図中の番号と同じ）
1．プレーヤーはコーチへパスし，サイドを走る。
2．コーチはプレーヤーに向かってわざと取りづらいパス出す（足もと，あるいは高く）。プレーヤーはどんなボールであってもキャッチする。
3．プレーヤーはコーチへパスを返す。
4．コーチはプレーヤーへリードパスを出す。
5．プレーヤーはドリブルからレイアップし，自分でリバウンドを取る。
6．プレーヤーはコーチへパスし，往きと逆側のサイドを走る。
7．コーチはわざと取りづらいパスを出す（回転させたり，足もとへ投げたり，横へ投げたり，高く投げたり）。プレーヤーはファンブルせずにキャッチしなければならない。
8．プレーヤーはコーチへパスを返す。
9．コーチはプレーヤーがスピードを落とさずに走れ

DRILL ❸

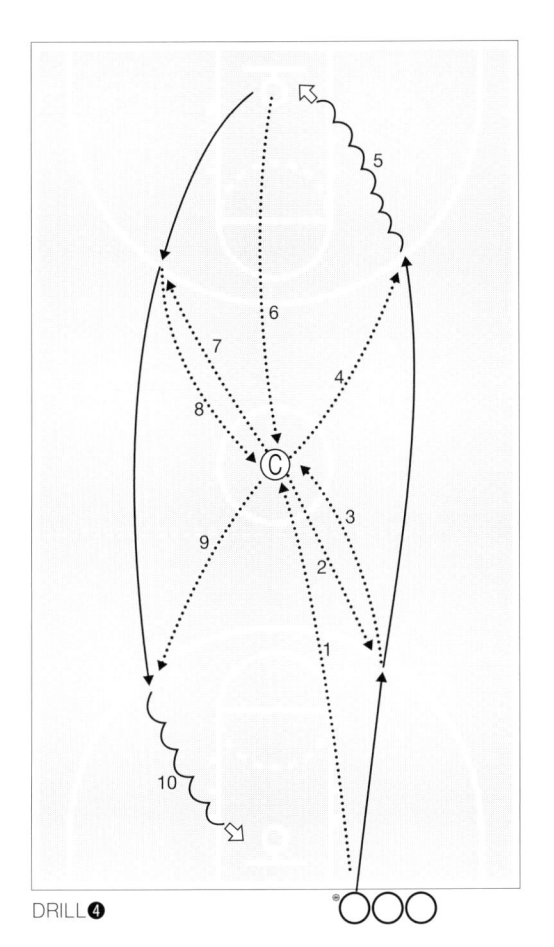

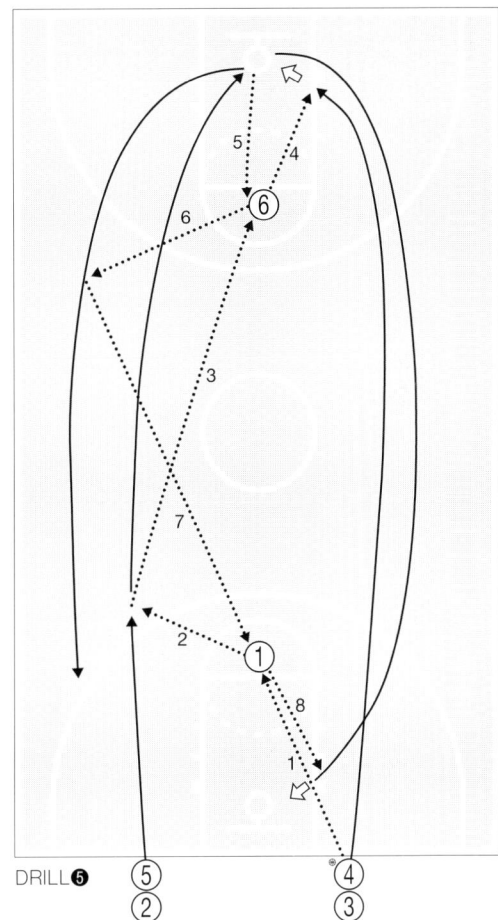

るようにリードパスを出す。
10．プレーヤーはドリブルからレイアップし，自分でリバウンドを取る。リバウンドを取ったら，次のプレーヤーがスタートし，ドリルを続ける。

DRILL ❺
ランフルコートウェル ドリル
Run Full Court Well Drill

目的

★走力アップ。
★柔らかいハンドリングとパッシング能力の改善。
★コンディショニング。
★アジリティ，走力，持久力の強化。

手順

1．④は①にパスをしてゴールに向かって走る。同時に⑤もスタートする。

2．①は⑤にパスする。

3．④が全力でダッシュしている間に，パスを受けた⑤は⑥へパスする。

4．⑥はピボットして④へバウンスパスを送る。④はボールをキャッチしてレイアップする。

5．⑤はリバウンドをキャッチして⑥へパスする。④はサイドレーンへ広がってダッシュする。

6．⑥は④へパスする。

7．④は①へパスする。

8．①は⑤へパスしてレイアップさせる。2組以上作って交代しながらおこなってもよいし，④と⑤に連続させてもよい。

DRILL ❻
フックレイイン ドリル（マイカン ドリル）
Hook Layin Drill (The Mikan Drill)

目的

★フックレイインの習得。
★コーディネーションと敏捷性の改善。
★ミドルライン側へのドロップステップの習得。
★ジャンプストップの習得。
★コンディショニング。

手順

1．⑤はビッグブロックに立ち，ミドルライン側へドロップステップを踏み，ベビーフックでショットをおこなう。自分でリバウンドしたあと，バックスピンをかけたトスを出し，反対側のビッグブロックでジャンプストップする。

2．⑤はすぐにミドルライン側にドロップステップし，ベビーフックでショットをおこなう。自分でリバウンドし，バックスピンをかけたトスを出し，最初のビッグブロックでジャンプストップする。

3．これを30秒間連続する。シーズンが進むにつれて1分まで延ばす。

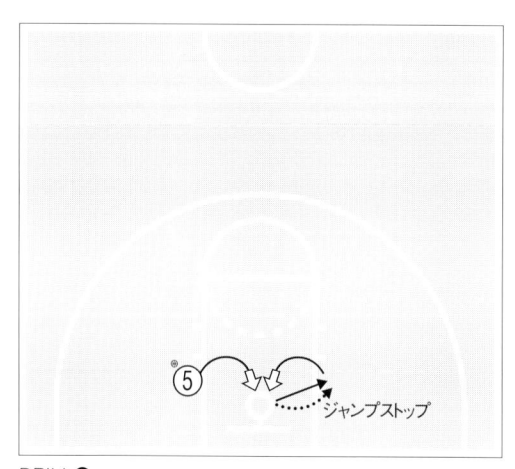

DRILL ❻

DRILL ❼

DRILL ❼
パワーピックアップ ドリル
Power Pick-Up Drill

目的

★パワーレイアップの習得。
★ポンプフェイクの習得。

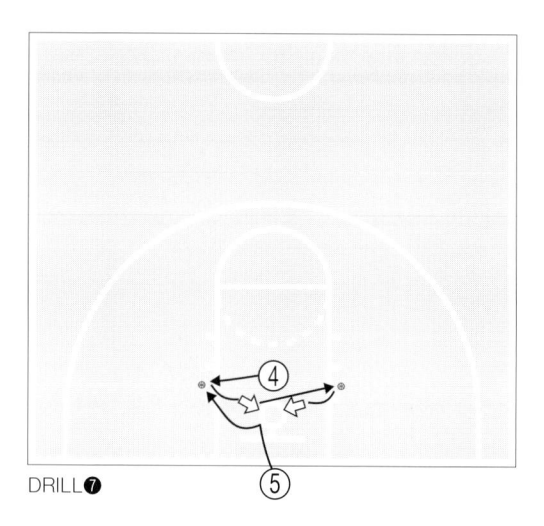

手順

1．④とヘルパーの⑤を図のように配置する。2個のボールを左右のビッグブロックに置く。

2．④は一方のボールをピックアップし，ドロップステップからパワーレイアップにもち込む。④が逆側のボールへ向かっている間に⑤はリバウンドしてボールを元の位置に戻す。これを30秒間左右交互に繰り返し，交代する。

3．ボールをピックアップしてドロップステップを踏んだあとに，ポンプフェイクを1回入れてからパワーレイアップにもち込んでもよい。

4．2回以上のポンプフェイクは必要ない。1回で十分だ。2回以上ポンプフェイクを入れると3秒オーバータイムを吹かれてしまう。

DRILL ❽
3人のポスト ドリル
Three-Man Posting Drill

目的

★ムーブとショットの習得。
★ウィークサイドからストロングサイドへのカットの練習（ボールが高い位置にあるか低い位置にあるかに応じて，適切なコート上のポジションとディフェンスに対するポジションをとる）。
★ローポストに要求される連続プレーのためのコンディショニング。

手順

1．③と④がボールを持つ。⑤が④に向かってカット

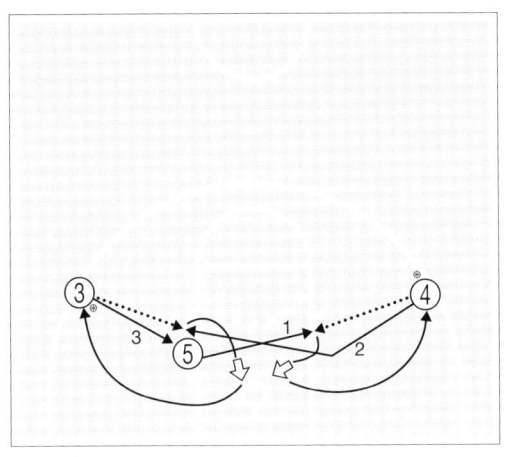

DRILL❽

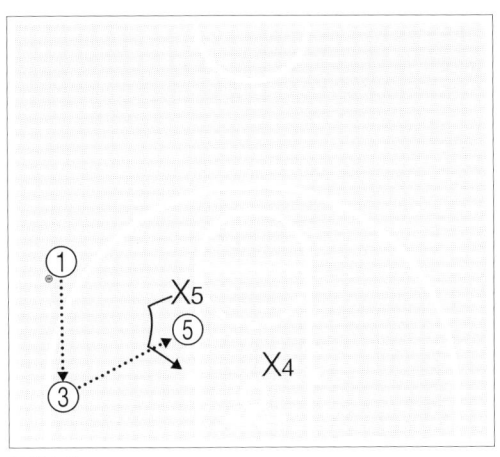

DRILL❾

することから始める。④は⑤へパスする。⑤はムーブをしかける。③~⑤とも同じムーブをおこなう（例えばベースライン側へドロップステップしてパワーレイアップなど）。

2．⑤は自分でリバウンドして④の位置へボールを持って移動する。④は③に向かってカットし，③からパスを受けてムーブをしかけ，自分でリバウンドして③の位置へ移動する。③も同様におこない，これを繰り返す。

3．シーズン初期にはプレーヤーがムーブをマスターするまで，このドリルをおこなう。シーズンが進むにつれてドリルの目的はコンディショニングへと移行する。3分から始めて8分まで延ばしていく。

DRILL ❾
ヘルプディフェンスをつけた攻防ドリル
Live Posting With Helper

目的

★⑤はX_5のディフェンスを正確に判断して，すばやくムーブをしかける。

★X_5はアボイドザピンを使ってビッグブロックを正しくまもる。

★X_4はヘルプローテーションをおこなう。

★⑤はローポストでボールを受けたときに常にヘルプを予測する。

★⑤はオープンになるためのカッティング技術の習得。

手順

1．⑤は①と③からボールを受けられるようにX_5に対してポジショニングする。⑤は本章の「STEP-1．

オープンになる」，「STEP-2．ポジションをとる」の項で紹介した技術を駆使する。

2．X_4はウィークサイドに寄ったところから始め，⑤がボールをキャッチしたらヘルプに動くようにする。⑤の判断が間違っているときには，コーチが修正する。

3．ウィークサイドからストロングサイドへのカットを入れたい場合には，⑤とX_5がウィークサイド側にいる状態から練習する。

DRILL ❿
1対1をつけた攻防ドリル
Live Posting with offensive Helper

目的

★ドリル❾と同じように，ヘルプディフェンスをつけた攻防。ただし，ロー・ローのパス（P.75参照）が加わる。

★④は，⑤からのパスを受けるか，あるいは⑤のショットに対してリバウンドポジションをとる。

★X_4はローテーション（P.95参照）かヘッジ（P.94参照）かの判断をする。

手順

1．ドリル❾と同じ手順でおこなうが，X_4にはヘルプに加えて④をまもる役割が加わる。

2．X_4がX_5をヘルプするためにローテーションしたら，⑤は④へパスする。④はゴール方向へミートする。

3．X_4はヘッジして④に戻ってもよい。X_4がローテーションせずに戻ったと判断したときには⑤は自分でシュートする。

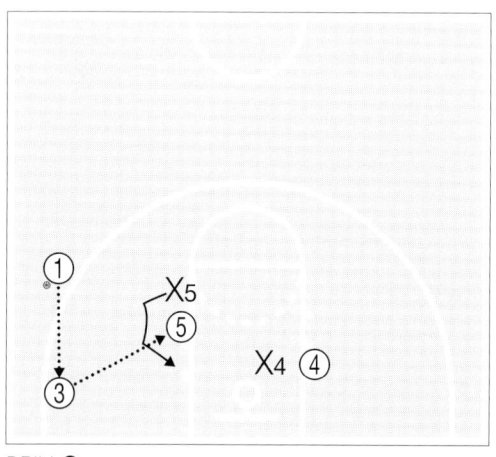

DRILL ⓫
ローテーション ドリル
Rotation Drill

目的

★ムーブ，ショット，パスの習得。

★適切なディフェンスローテーション（P.95参照）の習得。

★ウィークサイドプレーヤーはディフェンスのローテーションに適切に対応する。

手順

1．①と②は，インサイドの④か⑤へパスを入れるまでお互いにパスをおこなう。ガードの①や②にポストアップさせたい場合には，ガード同士の横のパスのあとにダウンスクリーンを入れてポジションを入れ替えさせる。この動きを入れれば，①〜⑤までの全員がポストアップできる。

2．ボールがインサイドに入れば（図では⑤），ベースライン側へドロップステップをしかけ，ゴールへ向かってプレーする。

3．⑤がゴールへ向かった瞬間，あるいは「⑤がパワーレイアップしそうだ」と感じた瞬間にX_4はローテーションを開始する。X_4の「ローテーション」のコールを合図に，ウィークサイドのガードX_2はゴールエリアをまもるためにカバーダウンする。④は⑤からのパスを受けるためにゴール方向へ踏み込む。②もゴール方向へカットし，ディフェンスにプレッシャーをかける。

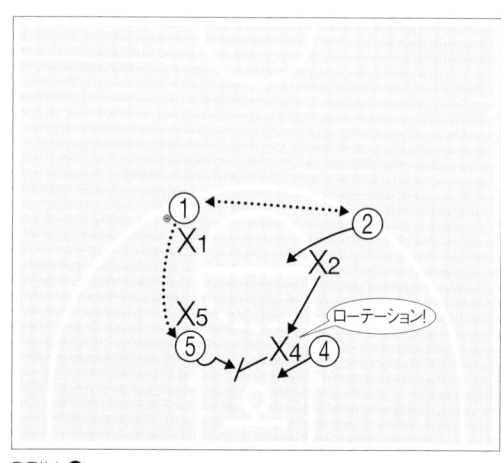

DRILL ❿

DRILL ⓫

DRILL ⓬
ダブルダウン ドリル
Double-Down Drill

目的

★ムーブ，ショット，パスの習得。
★ウィークサイドからのダブルダウン（P.95参照）と，ストロングサイドからのダブルダウンの習得。
★ウィークサイドのオフェンスはダブルダウンの対処法の習得。

手順

1．①と②は，ローポストへパスを入れるまでお互いにパスをおこなう。ガードの①や②にポストアップさせたい場合には，ダウンスクリーンを入れてポジションを入れ替えさせる。

2．ボールが⑤に入れば，X_2は⑤にダブルダウンをしかける。図は，ウィークサイドからのダブルダウンを示している。ストロングサイドからのダブルダウンの場合には，X_1がダブルダウンをしかける。

3．X_1は①と②の中間でゾーンモーションをとり，両方をまもる意識を持つ。⑤は，X_2がダブルダウンに来る前にムーブをしかけるか，もしくはダブルダウンされたあとに①と②の空いているほうへパスを出す。

4．⑤から②へボールが出た場合には，④はウィークサイドピンニング（P.17参照）を使ってポジションをとる。②から④へボールが入れば，X_1がウィークサイドからダブルダウンをしかけるディフェンダーになる。

DRILL ⓬

DRILL ⓭
ローポスト完成ドリル
Complete Low-Post Drill

目的

★カッティングの習得。
★インサイドでボールを受けたあとのムーブの習得。
★1対1，ダブルダウン，ローテーションなど，すべてのローポストディフェンスに対応する。
★戦術的思考力の獲得。

手順

1．ドリル⓫，ドリル⓬に，ウイングのオフェンス③と⑥を加える。③と⑥はディフェンスなしで，ウイングからコーナーまで動いてもよい。これで，ローポストにパスを入れるためのすべてのアングルが揃う。

2．図は，①に向かってフラッシュした④をX_4が止めたあと，①が⑥へパスし，④がウィークサイドピンニングをしかけている場面だ。①は，③へパスしてローポストの⑤へパスさせることもできるし，④へパスを入れるために②へパスしてもよい。④のフラッシュをX_4に止められたとしても，④へロブパスを通すことができる場合もある。X_4がフラッシュを適切なポジションでまもれなかった場合には，①から直接④へパスを入れてもよい。

3．ディフェンスはローテーション，ダブルダウン，あるいはヘッジで対応する。

4．このドリルでは，すべてのローポスト攻撃を使うことができる。パスがウイングへ渡った瞬間に，スクリーンアウェイなどのチーム戦術を加えてもよい。

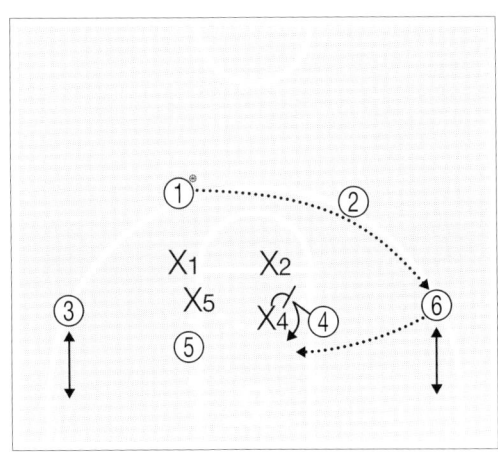

DRILL ⓭

第3章 リバウンダーになる

Becoming a Big-Time Rebounder

リバウンドが落ちる確率の高いローポストは、試合の勝敗を分ける極めて重要なエリアであり、ポストプレーヤーがリバウンドマシーンに成長するだけで、オフェンスは優位に立つことができる。逆に、ポストに強力なディフェンシブリバウンダーが1～2人いるだけで、強固なディフェンスチームができ上がる。

　リバウンド力は、技術を指導することによって十分に開発できる。また、研究に裏づけされたリバウンドの傾向を伝授することも有効だ。リバウンドの傾向を知れば、ボールが落ちてこないエリアにいたり、リバウンドエリアにいたにもかかわらず簡単にボックスアウトされてしまうといったことがなくなる。

　リバウンダーは、リバウンドの傾向を頭に入れてボールが落ちてくるフロアポジションを予測し、技術を駆使して相手よりも内側か、少なくとも横のボディポジションを獲得することである。また、リバウンド獲得数を増やすためには、積極性と決断力が必要だ。積極的にボールを追うリバウンダーなら、5本に1本はオフェンスリバウンドをもぎ取ることができるだろう。

　タイミングをはかり技術を駆使してジャンプし、合理的にしかも確実にボールをコントロールできるプレーヤーが優秀なリバウンダーだ。リバウンドにおいても、オフェンスと同様に「フロアポジション」と「ボディポジション」の2つが重要であることに変わりはない。さらに、ゲームを通して常にリバウンドに対して準備する集中力が大切だ。

　リバウンドは、オフェンスとディフェンスとの間で繰り広げられる1対1のバトルだ。それは、チーム対チームという大きな戦いのなかに組み込まれた個人対個人の小さな戦いだが、「リバウンドを制するものはゲームを制する」と言われるほど大きな意味を持つ。「絶対にリバウンド取ってやる！」という積極性と決断力を持ち続けた者だけがこのバトルの勝者になれる。フィジカルな戦いである以上に、メンタルな闘いであることを忘れてはならない。

1……リバウンドの傾向を頭に入れる

　コーチにとって「シュートしすぎるプレーヤー」「パスしすぎるプレーヤー」あるいは「ドリブルしすぎるプレーヤー」は頭痛の種だろう。では「リバウンドを取りすぎて困るプレーヤー」というのがいるだろうか。恐らくいないだろう。もしリバウンドを全部取ってきてくれるようなプレーヤーがいれば、コーチとしては大歓迎だし、コーチなら誰もが皆そんなプレーヤーに出会いたいと思うだろう。しかし、リバウンダーは放っておくだけで勝手に育つものではない。辛抱強く育て上げるものだ。

　リバウンドは、ショットとリバウンドエリアを予測することから始まる。積極的なオフェンスリバウンダーは、頭に入っている味方の個人的特徴やチームのオフェンスシステムをもとに、ショットを予測し、実際にショットが放たれる前にリバウンドに動き始める。予測によって積極的にリバウンドに飛び込めば、ディフェンダーのボックスアウトを簡単に打ち破ることができる。ボックスアウトされる前にオフェンスのほうが先にしかけるからだ。

　リバウンドエリアを予測するためには、頭に入れておかなければならないことがある。ボールのメーカーが違えばリバウンドの弾み方も違うこと、リングがたついているとボールの勢いが殺されてリバウンドが近くに落ちること、ショットの距離が長いほど遠くに弾むこと、ショットのアーチが小さくなるほど遠くに弾むこ

と，ショットの距離にかかわらず，バックスピンがかかっていると近くに落ちることなどだ。リバウンダーは，ショットの距離，アーチ，バックスピン，ボールの種類，ゴールの硬さなどからリバウンドの位置を瞬時に割り出さなければならない。この複雑な計算を天性の才能だけで簡単にやってのけるプレーヤーもいるが，普通のプレーヤーは練習によって開発しなければならない。ここでは，ショットの位置とリバウンドの位置との関係について考えてみよう。

図3-1のAエリアからのショットは，95％の確率でAエリアに落ちる。Bエリアからのショットは75％の確率でBエリアに落ちる。Cエリアからのショットは90％の確率でCエリアに落ちる。

図3-2のXエリア（3m以内の距離）からのショットは，60％の確率でシューターに返ってくる。Yエリア（3〜4.5mの距離）からのショットは，シューターに返ってくる割合と逆側へ弾む割合が同じくらいである。Zエリア（4.5〜6mの距離）からのショットは，70％の確率で逆側の同じエリア（図3-1のABCエリア）に落ちる。

これだけの情報が頭に入っていれば，リバウンドエリアに優先順位をつけることができる。95％の確率でベースラインエリアへリバウンドが落ちることが予想されるベースラインエリアからのショット（図3-1のAエリア）を例に考えてみよう。もしショットが3mよりも内側（図3-2のXエリア）から打たれたのであれば，60％の確率でシューターに返ってくることから，シューターのいるエリアが優先順位1番のリバウンドエリアになり，逆側のベースラインエリアが2番めのリバウンドエリアになる。しかし，ショットがベースラインエリアのZエリアから打たれた場合には，逆サイドのベースラインエリアが1番めのリバウンドエリアになり，シューター側が2番めになる。おわかりいただけるだろうか。ただやみくもに飛び込むだけでは，リバウンドは取れないのである。

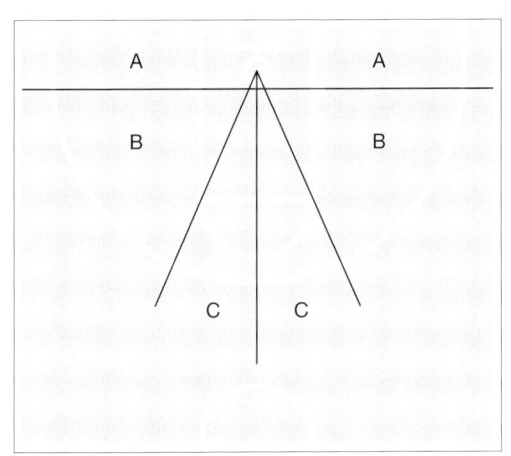

図3-1 リバウンドの傾向（角度）

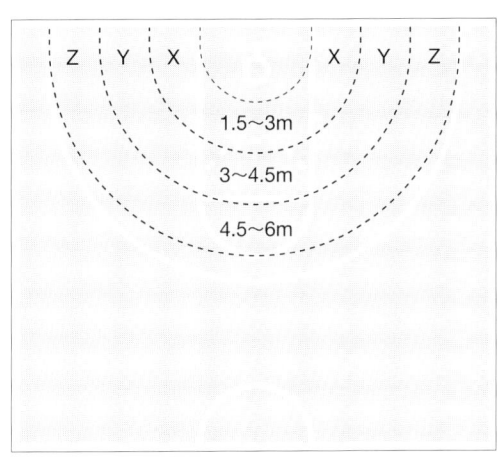

図3-2 リバウンドの傾向（距離）

2．オフェンスリバウンドの4つのステップ

先にも述べたように，オフェンスリバウンダーのポジショニングは，フロアポジションとボディポジションの2つの要素からなる。前項で述べた情報を頭にたたき込んだオフェンスリバウンダーは，ボールが落ちてくるフロアポジションを予測して動くことができる。そして，ム

ーブをしかけて少なくともディフェンダーと対等なボディポジションを獲得できれば，2回，3回，4回とリバウンドにトライできるし，ディフェンダーがファンブルしたボールを奪って得点することも可能になる。

STEP-1
ショットを予測してフロアポジションを先どりする

　オフェンスリバウンドを取るためには，ボールが落ちてくるフロアポジションで，しかもディフェンダーの横か前のボディポジションを確保しなければならない。ローポストエリアでは，内側にいてスペースを確保しているディフェンダーのほうが当然有利であり，しかもリバウンドがすぐに跳ね返ってくるため，オフェンスが有利なポジションをとり直す時間的余裕はほとんどない。だからこそ，オフェンスリバウンドでは，予測して動くことが重要になる。

　オフェンスは，何もしなければ簡単にボックスアウトされてディフェンダーの背後に追いやられてしまう。オフェンスリバウンドを獲得するためには，リバウンドが落ちないエリアに追いやられるのではなく，味方のショットを事前に予測し，前述した確率計算を瞬時におこない，何としてでも優先順位1番か2番のエリアを獲得しなければならない。

　予測によってフロアポジションを先どりできたら，それをキープする。たとえ，ボックスアウトされて背後にまわったとしても，ディフェンダーが踵に加重をかけ，バランスが悪いと感じたら，いったん後ろに下がってディフェンダーから離れ，ボックスアウトをはずして前に出る工夫が必要になる。コンタクトされたままでは動きを封じられてしまうからだ。

STEP-2
ムーブをしかけてボディポジションをとる

　ディフェンダーよりも内側か横のボディポジションをとるためには4つのムーブがある。ゴールに背を向けた状態で使うドロップステップロールと，ゴールに正対した状態で使うスピン＆ロール，ジャブ＆ゴー，ジャブ＆ゴー逆サイド[*30]だ。

　ローポストプレーヤーは，自分がストロングサイドでポストアップしているときにショットが打たれた場合にはゴールに背を向けた状態，自分がウィークサイドでプレーの準備をしているときにショットが打たれた場合にはゴールに正対した状態になるのが一般的だ。ハイポストとミドルポストでは，ゴールに正対した状態になるのが普通だろう。したがって，ポストプレーからリバウンドに入るためには，背を向けた状態で使うドロップステップロールと，正対した状態で使うムーブを最低でも1つマスターしなければならない。本書では，3つのムーブのなかで，スピン＆ロールを最初にマスターすることをお薦めする。ジャブ＆ゴー，ジャブ＆ゴー逆サイドは補助的なムーブと考える。

① ドロップステップロール

　優れたローポストプレーヤーは，当然ポストアップして攻撃をしかける。それに対してディフェンダーは，一般にスリークォーターかフロントでまもる。フロントの場合，オフェンスがすでに内側のリバウンドポジションをとっていることになるが，問題はスリークォーターの場合だ。当然リバウンド争いのバトルが始まる。

　図3-3は，コーナーにボールがあるときのローポストプレーヤーのポストアップに対して，ディフェンダーがオーバープレーしたときの，

＊30．ジャブ＆ゴー，ジャブ＆ゴー逆サイド：原語はそれぞれ「Jab and Go same」と「Jag and Go Opposite」。本書では，Jab and Go Sameをジャブ＆ゴー，Jab and Go Oppositeをジャブ＆ゴー逆サイドと表記した。

ドロップステップロールの足さばきを示している。ポジションがとれてローポストにボールが入ったときには、そのままシュートできるだろう。十分なポジションをとることができずに、味方がコーナーからシュートしたときに使うのがこのドロップステップロールだ。

味方がショットを打った瞬間にドロップステップし（図では左足）、リバウンドに入るためのムーブを開始する。これだけで内側のリバウンドポジションがとれる。ドロップステップロールの利点は、そのシンプルさだ。これを使うためにはディフェンダーがスリークォーターのオーバープレーでまもっていることが前提になる。

しかし、このポジションはリバウンドの優先順位2番目のエリアであって1番めのエリアではないが、このリバウンドポジションを確保し続けるには、ディフェンダーを背後にボックスアウトしておかなければならない。さらに優先順位1番のリバウンドエリアを獲得するためには、制限区域を横切る動きが必要になる。ドロップステップロールだけでは、スリークォーターのディフェンダーに連動してゴール下まで来ていたヘルプディフェンスにボックスアウトされてしまうこともあり得るが、この制限区域を横切る動きを入れれば、ヘルプのディフェンダーにもボックスアウトされずに、内側のリバウンドポジションがとれる。これは、オフェンスリバウンダーが見過ごしがちな動きであり、コーチがその重要性を強調しなければならない。

②スピン＆ロール

同じストロングサイドのローポストでも、ビハインドでまもられるとドロップステップロールは使えない。この状態で味方がショットを打ったときには、いったんゴールに正対してから、スピン＆ロールを使うことになる。シュートするボールが手から離れたときにポストプレーヤーがウィークサイドにいる場合も、ゴールに正対した状態であればこのスピン＆ロールが使える。

図3-4に、スピン＆ロールの足さばきを示した。オフェンスはまず最初の足をクロスオーバーステップでディフェンダーの横へ動かす。このあとの動きはディフェンダーの対応によって変わってくる。もしディフェンダーがボックスアウトせずにゴールへ向かうようであれば、オフェンスはもう一方の足を最初の足の横にもってきてからゴールへアタックする。これで、少なくともディフェンダーの横のボディポジションがとれる。ディフェンダーがすぐにピボットしてボックスアウトしてきた場合、あるいはいったんスライドステップを入れてからボックス

---

skill

(図3-3) ドロップステップロール

ショットを予測してディフェンダーよりも先にリバースピボットでボックスアウトし、内側のフロアポジションをとる

アウトしてきた場合には，最初の足を軸にしてリバースピボットでスピンすればディフェンダーと対等なポジションがとれる。スピンの動きはできるだけ早い段階でおこなうのがよい。味方のショットを予測できればショットよりも先にスピンをしかけてリバウンドポジションを獲得することもできる。

スピン＆ロールを効果的に使うためには，ディフェンス側がどうやってリバウンドに入ろうとするかを観察することも大切だ。最も多用されるディフェンスリバウンドへの入り方は以下の３つだろう。

(1) コンタクトせずにリバウンドエリアを先どりする方法
(2) すぐにピボットでコンタクトしてボックスアウトする方法
(3) スライドステップを1歩使ってコンタクトしてからピボットし，ボックスアウトする方法

ディフェンダーが(1)の方法をとれば，スピン＆ロールの最初のステップをしかけた側（図3-4上ではディフェンダーの右側）にリバウンドポジションをとることになる。残りの２つの方法をとれば，スピン＆ロールの最初のステップをしかけた反対側（図3-4上ではディフェンダーの左側）にリバウンドポジションをとることになる。

ディフェンダーがどの方法でリバウンドへ入るかがわかれば，自分がとりたい側のリバウンドポジションをとることも可能になる。もし相手が(3)のスライドステップを使ってきたときに，ディフェンダーの右側のポジションをとりたければ，最初のステップを逆の左側へ踏み出せばよい（図3-4下）。

コーナーからショットが打たれた場合を考えてみよう。「リバウンドの傾向を頭に入れる」

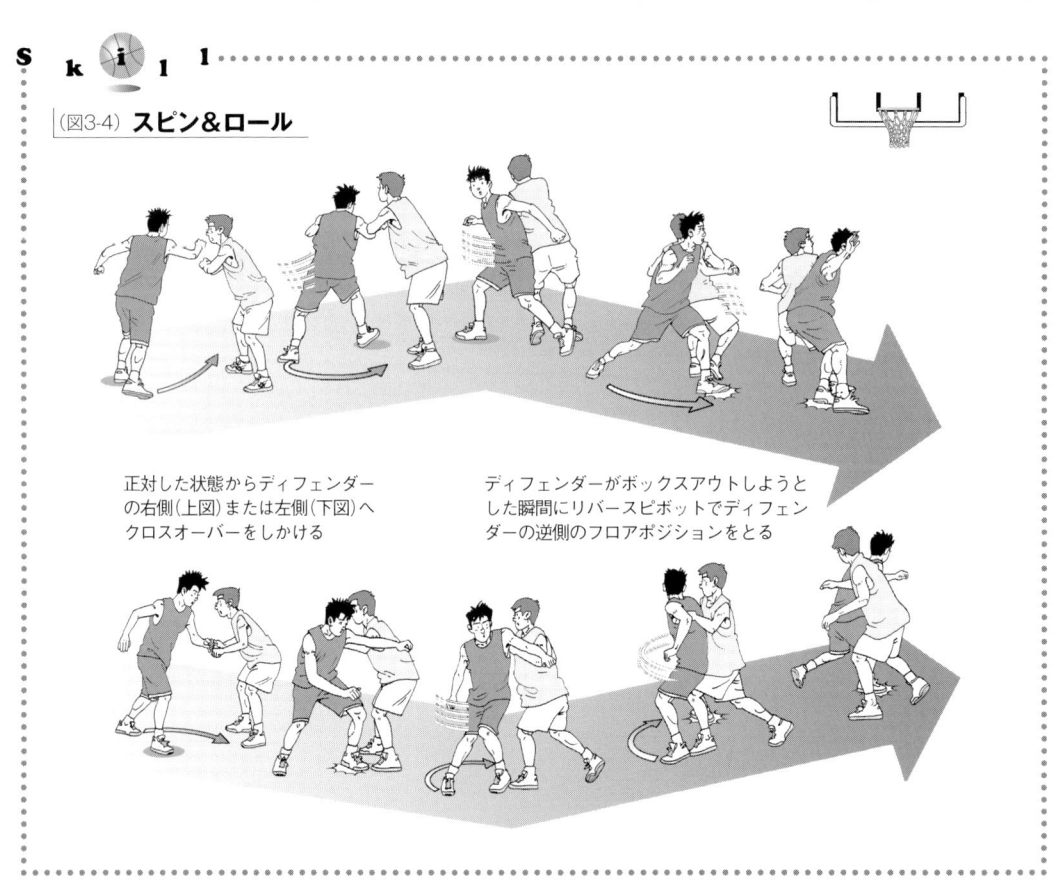

Skill

(図3-4) スピン＆ロール

正対した状態からディフェンダーの右側（上図）または左側（下図）へクロスオーバーをしかける

ディフェンダーがボックスアウトしようとした瞬間にリバースピボットでディフェンダーの逆側のフロアポジションをとる

の項でも述べたが，優先順位1番のリバウンドエリアはディフェンダーのベースライン側（右側）だ。このときには，最初にミドルライン側にクロスオーバーステップを踏んでからスピン＆ロールをしかければ（図3-4下），ディフェンダーのベースライン側にリバウンドポジションを獲得でき，しかも，より大きなスペースを確保できる。最初のステップにディフェンダーが反応し，ミドルライン側へ移動するからだ。

③ジャブ＆ゴー

ジャブ＆ゴーは，単純だがディフェンダーがボックスアウトしないときには極めて有効だ（図3-5）。ディフェンダーのどちらかの側に最初のステップをダイレクトにしかけ，そのあとにもう一方の足を同じ方向へ踏み出せばよい。前述した(1)のようなボックスアウトせずにゴールへ向かってジャンプするディフェンダーには効果的である。

④ジャブ＆ゴー逆サイド

(2)(3)の方法を使うディフェンダーには，対等なリバウンドポジションをとるために，最初のステップをダイレクトにしかけたあとその逆側にジャンプして，ディフェンダーの横から一気にまわり込むジャブ＆ゴー逆サイドの動きが必要になる（図3-6）。これは非常に難しいムーブだ。

図は，最初のステップを左足でダイレクトにしかけたところを示している。ディフェンダーが左足側にスライドしたのに対応して，オフェンスは右側へジャンプして右足をディフェンダーの横へもってくる。そのあとでディフェンダーをまわり込むように左足をスイングさせてディフェンダーの前にもってくる。同時に，ディフェンダー側の腕（図3-6では左腕）をクロールのように回して肩を抜く**スイムムーブ**の動きを使

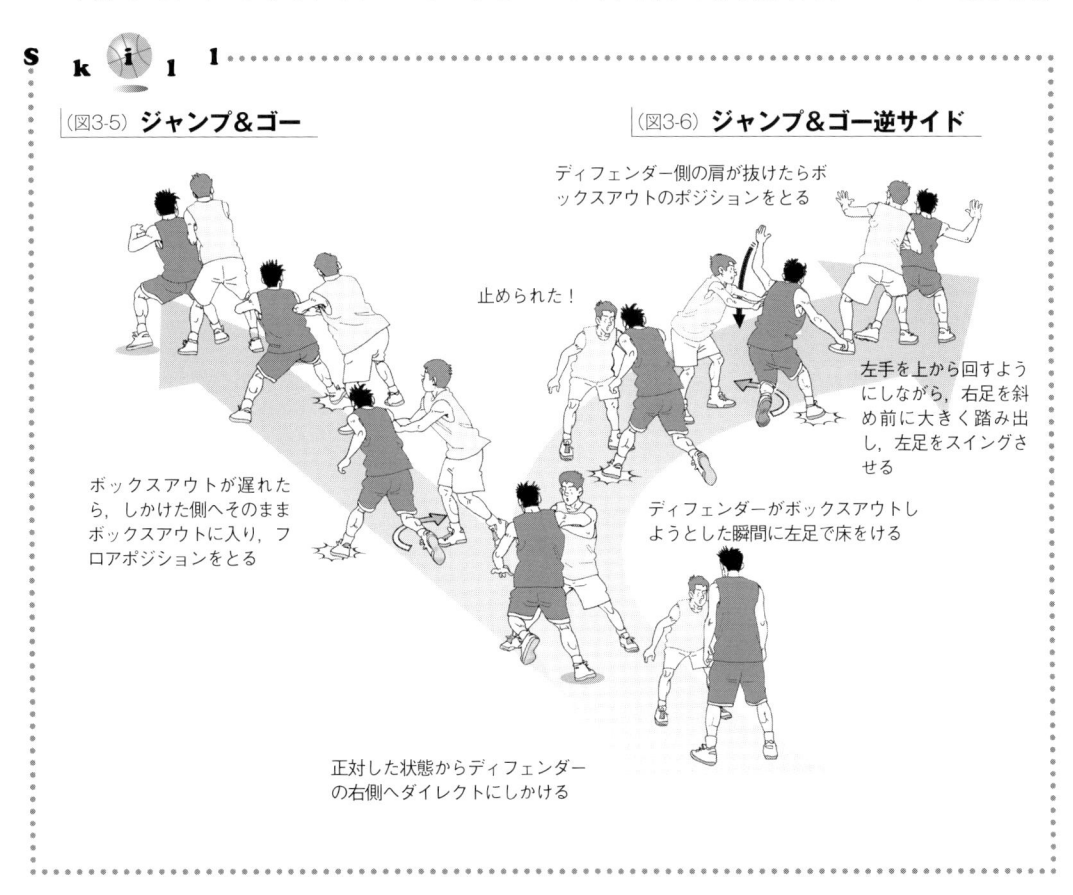

Skill

(図3-5) ジャンプ＆ゴー

止められた！

ボックスアウトが遅れたら，しかけた側へそのままボックスアウトに入り，フロアポジションをとる

正対した状態からディフェンダーの右側へダイレクトにしかける

(図3-6) ジャンプ＆ゴー逆サイド

ディフェンダー側の肩が抜けたらボックスアウトのポジションをとる

左手を上から回すようにしながら，右足を斜め前に大きく踏み出し，左足をスイングさせる

ディフェンダーがボックスアウトしようとした瞬間に左足で床をける

う（P.15図2-2, P.16図2-3参照）。ディフェンダー側の肩が抜ければ、ディフェンダーよりも内側のポジションがとれるはずだ。

ジャブ＆ゴーとジャブ＆ゴー逆サイドは、ドロップステップロールやスピン＆ロールよりもすばやく動ける。しかし、スピン＆ロールを完全にマスターするまで導入してはならない。プレーヤーにとって習得が難しいドロップステップロールとスピン＆ロールを最初に指導すべきである。また、多くの技術を習得するのが苦手なプレーヤーには、ドロップステップロールとスピン＆ロールのみを教えればよいだろう。

オフェンスリバウンドを獲得する鍵は、スタンディングオフェンスではなく、移動（モーション）をともなった攻撃をすることである。そうすることによって、リバウンドに入る動きがすばやくなり、ディフェンダーもボックスアウトしづらくなるからだ。

➡ **ドリル**

オフェンスリバウンドへ入るフットワークを効果的に身につけるためには、適切な段階を踏んだドリルが必要になる。最初は、ドロップステップロールをゆっくりとおこなう。ドロップステップロールをマスターしたら、次はスピン＆ロールをゆっくりとおこなう。スピン＆ロールでは、優先順位1番のリバウンドエリアがどこなのか？　相手のボックスアウトの仕方によって最初のステップをどちらの方向へ踏み出せばよいのか？の2点を瞬時に判断できるようになることが大切だ。

動き方を覚えたら、次にディフェンダーを形式的におく約束練習の段階へ進む。最初はディフェンダーに(1)のボックスアウトせずに直接ゴールへ向かうリバウンドをおこなわせ、2番目に(3)のスライドステップからボックスアウトする方法をおこなわせる。オフェンス側が2つの方法にそれぞれ対応できるようになれば、3番目に(2)のピボットからすぐにボックスアウトする方法をおこなわせる。3つの方法をおこなわせたら、いよいよ本気でリバウンドを争う攻防練習の段階へ進む。リバウンドを競い合わせるドリルは1対1しかな

い。第1に、ディフェンダーがローポストをスリークォーターでまもった状態でコーチがストロングサイドからシュートする。オフェンスはドロップステップロールを使う。第2に、ローポストをビハインドでまもった状態で、コーチがストロングサイドからショットを打つ。このケースでは、オフェンスはいったんゴールに正対してからスピン＆ロールを使う。これは、ハイポストからオフェンスリバウンドに入る場合も同じだ。第3に、ウィークサイド側でのリバウンドへ移る。ウィークサイドではディフェンダーに正対しているので、コーチがシュートしたらオフェンスはスピン＆ロールを使う。3つのドリルともに、ショットを打つ前にディフェンダーがいい加減なまもり方をしていれば、コーチはオフェンスにパスを入れてもよい。

オフェンスリバウンドの能力を開発するためには、ドリル⓮「アジリティティップ　ドリル」も効果的だ。ドリル⓯「スーパーマン　ドリル」も、リバウンダーの敏捷性を高めるのに効果がある。

ドリル⓰では、オフェンスリバウンド、ディフェンスリバウンド、パッシング、ポストのムーブ、ポストのディフェンスなど、複数のねらいを指導できる。ポストプレーの基本の動き方「WhatとHow」を指導するだけでなく、その基本をいつ「When」使えばよいのかを指導することもできる優れたドリルだ。

STEP-3
「キャッチ」か「ティップ」かを選択する

オフェンスリバウンドの優先順位は、①キャッチ＆ショット（タップショット）、②キャッチ＆着地、③ティップである。リバウンドでは、ボールをキャッチするかティップするかを瞬時に判断しなければならない。プレーヤーは楽なティップを好む傾向にあるが、キャッチするほうがより確実であり、効果的であることは言うまでもない。プレーヤーがボールをキャッチできたにもかかわらず、さぼってティップしたと判断したときには、コーチはすぐにそのプレーヤーを交代させ、ボールをキャッチすることの

重要性を徹底して指導すべきである。

①キャッチ＆ショット（タップショット）

オフェンスリバウンダーは，リバウンドボールを両手でキャッチすると同時にすぐにシューティングハンドをセットし，逆のサポートハンドをボールの横にスライドさせ，着地せずに空中でそのままシュートできるようにする（図3-7）。

②キャッチ＆着地

もし空中ですぐにキャッチ＆ショットができないと判断した場合には，ディフェンダーとのぶつかり合いでボールを失わないようにするために，ボールを両手でしっかりとキャッチしていったん着地する。オフェンスリバウンドとしては，これが最も多いケースではないだろうか。

③ティップ

リバウンドのポジションが悪くてリバウンドボールをキャッチできないときもある。このようなときにはボールをティップする必要があるが，できるならば味方のいる場所にティップする。指先がかろうじてボールにさわれるだけのときには，ボールをバックボードに向かってティップし，味方がセカンドリバウンドに入れるようにする。

➡**ドリル**

ティップを指導する場合には，卓球のボール，テニスボール，バレーボール，6号ボール，7号ボールなど，サイズの違うボールを利用して，右手で連続10回，左手で連続10回ティップする練習をさせるのがよい（P.134「ゴールタッチ ドリル」参照）。このドリルによって，ボールタッチの柔らかさとボールコントロールを身につけることができる。

ティップを使ったリバウンドは，「ティッピングゲーム」によって楽しく練習することもできる。バレーボールをパンパンに膨らませて弾みやすくしたボールを使う。コーチがボードにボールをぶつけてドリルをスタートし，2人のプレーヤーがティップでのショットを競う。ボールが非常に弾みやすくなっているので，ティップしてもなかなかゴールに入らず，跳ね返ってくるようになっている。先に規定回数のショットを成功させたほうが勝者となる（10本くらいが妥当だろう）。このドリルはボールがなかなかゴールに入らないので，2回，3回，4回と連続してジャンプすることになり，脚のトレーニングにもなる。また，空中での体のぶつかり合いも多く，空中で接触されてもボールをコントロールする訓練になる。バレーボールの代わりに，風

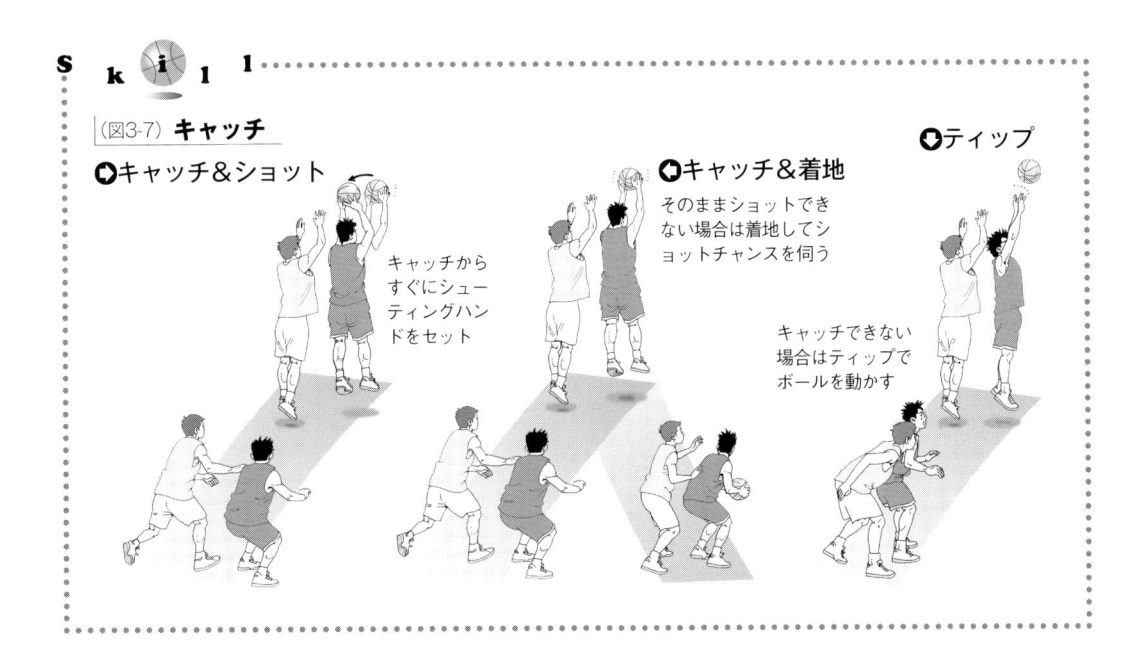

Skill

（図3-7）キャッチ

❶キャッチ＆ショット
キャッチからすぐにシューティングハンドをセット

❷キャッチ＆着地
そのままショットできない場合は着地してショットチャンスを伺う

❸ティップ
キャッチできない場合はティップでボールを動かす

船やソフトボールサイズのウィッフルボール*31なども利用できる。

　ティップはできるだけ高い位置でおこなうことが大切なので、両手よりも15cm高い位置でティップできる片手でおこなうようにする。指先を使って瞬間的にボールをキャッチし、親指でボールのバランスをとり、わずかに手首のスナップを使いながら指先でボールをはじくのが正しいティップの仕方だ。腕は真っすぐに伸ばし、決して肘を下げてはならない。常にボールから目を離さないようにする。

STEP-4
リターンショットを打つ

　リターンショットは、オフェンスリバウンドを取って着地したあとすぐにジャンプして打つ。3ポイントプレーになる確率が最も高いショットである（図3-8）。ディフェンダーがオフェンスリバウンダーの背後になった場合には、リターンショットを打つのが最も簡単な方法だ。リターンショットのポイントは以下の3点だ。

(1) 着地のあとにリバウンドジャンプですぐに跳び上がる。
(2) 相手を跳び上がれなくするために尻を少し後ろに引いてディフェンダーに当てるようにする。
(3) ディフェンダーが手を伸ばしてもブロックショットできないようにボールは頭よりも前にもってくる。

　オフェンスリバウンドを取って着地したあとに、リターンショットを打てる体勢が完全に整っていないときには、ポンプフェイクを入れて体勢を整えることが大切だ。ポンプフェイクでは、膝を曲げたスクワット姿勢を維持したままボールを両手でしっかりと保持して腕を上に伸ばす。ここで肘は完全に伸ばしきること。ポンプフェイクの動作は、本当のショットの動作と同じでなければ効き目がない。最初のポンプフェイクでディフェンダーのバランスが崩れなかったときには、もう一度ポンプフェイクを入れてみる。

　2回目のポンプフェイクのあとには、アウトサイドへのパスや他のオプションを選択するよりもショットにもち込むほうがよい。ショットを打てばファウルを誘発させることも多いからだ。ポンプフェイクは、ドリル⓱を使って練習できる。

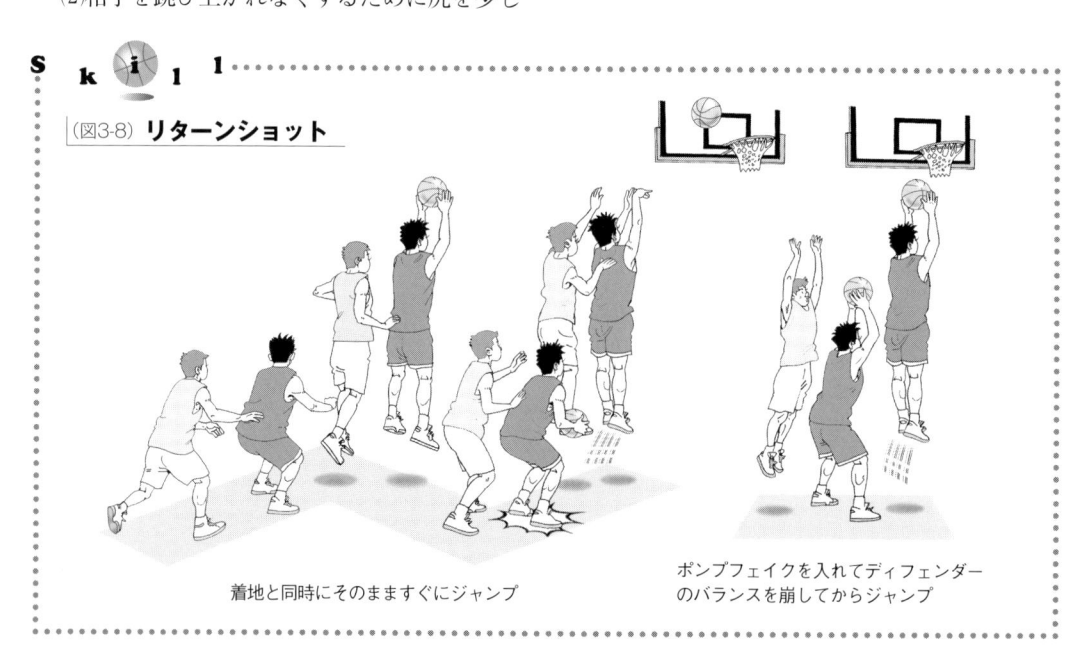

Skill

（図3-8）リターンショット

着地と同時にそのまますぐにジャンプ　　　ポンプフェイクを入れてディフェンダーのバランスを崩してからジャンプ

3.....ディフェンスリバウンドの4つのステップ

STEP-1
内側のポジションをとる

　ローポストをフロント，もしくはスリークォーターでまもった場合や，フラッシュポストをディナイした場合以外，ディフェンダーはすでに内側のリバウンドポジションを確保できているはずだ。ショットが打たれたあとにこの内側のポジションを維持するためには，オフェンスリバウンドの項でも述べたように，すぐにリバースピボットでコンタクトしてボックスアウトしてもよいし，オフェンスの動いた側へ1歩スライドステップを踏んでコンタクトしてからピボットでボックスアウトしてもよい。

　機動力のあるローポストプレーヤーをフロントでまもった場合には，内側のリバウンドポジションをとり返すことは難しい。しかし，この場合のストロングサイドのローポストの位置は，優先順位1番のリバウンドエリアではなく，2番目のエリアだ。得点力のあるローポストプレーヤーにパスを入れさせないためにフロントを優先するのか，それともビハインドやスリークォーターでまもってリバウンドポジションをとることを優先するのかは，チームの状況に応じて選択すればよい。

　スタンディングのローポストをスリークォーターでまもった場合，あるいはウィークサイドからのフラッシュポストをディナイでまもった場合には，リバウンドのポジション争いが起こる。ディフェンダーは，ゴールに近い側の足を軸にしてすばやくリバースピボットを踏んでポジション争いの先手をとる。この動きによって，不利なポジションから少なくとも相手と対等のポジションを奪い返すことができる。

STEP-2
ボックスアウトする

　すでに内側にいて，それを維持するだけでよいディフェンスリバウンダーに要求されるムーブは，オフェンスリバウンダーよりもシンプルだ。基本的には3つのムーブをマスターすればよいが，フロントでまもった場合だけは，4つめのムーブ「クロスボックスアウト」が必要になる。

①コンタクトせずにリバウンドエリアを先どりする方法

　ショットが打たれたらすぐにリバウンドポジションに入り，上げた腕はできるだけ広げ，リバウンドに跳ぶために膝を曲げたスクワットポジションをとる。これは，UCLAで長年指揮を執ったコーチ，ジョン・ウドゥンが用いた方法だ。

②すぐにピボットでコンタクトしてボックスアウトする方法

　筋力が強い場合に最も効果がある。力強いリバースピボットでオフェンスを抑え込めば，内側のポジションを死守できる（図3-9）。リバウンドボールがすぐに跳ね返ってくるので，ほんの数秒だけポジションをキープすればよいローポストで使う方法だ。

③スライドステップを1歩使ってコンタクトしてからピボットしてボックスアウトする方法

　これは，動きがすばやく，リバウンドに入る前にフェイクを入れてくるようなオフェンスに対して用いるムーブだ。オフェンスの1歩めの動きに合わせてスライドステップを1歩入れる

---

*31. ウィッフルボール：テニスボールくらいの大きさのプラスチック製のボールで，多数の穴が空いている。ゴルフの練習用ボールに同じように穴の空いた軽いボールがあるが，ウィッフルボールは同じような構造だがより大きなものを指す。ボールの回転により多彩に変化する。

skill

（図3-9）リバースピボットでのボックスアウト

相手とコンタクトしているゴールに近いエリアでは力強いリバースピボットで瞬間的に抑え込む

相手とコンタクトしていない場合は，スライドステップを使ってコンタクトしてからリバースピボットでボックスアウト

（図3-10）スライドステップを入れてからのボックスアウト

（図3-12）クロスブロックアウト

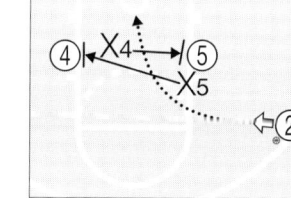

（図3-11）フロントピボットでのボックスアウト

少し距離がある場合は，相手を見失わないためにフロントピボットでボックスアウト

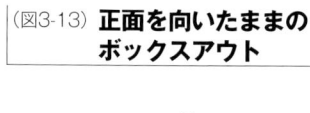

（図3-13）正面を向いたままのボックスアウト

強力なリバウンダーは思い切って正面で抑える

ことで，フェイクにつられて不利なリバウンドポジションに押し込まれることを防ぎ，2歩めに合わせてリバースピボットを踏み，体をコンタクトさせる（図3-10）。ローポストからでは，オフェンスには3歩めを踏む時間的な余裕はないはずだ。ハイポストからであっても，オフェンスの2歩に対応できれば十分だろう。

ボックスアウトを成功させるためには，ボールやゴールではなく，第1に相手に集中することが大切だ。ディフェンスリバウンダーは低い姿勢をとり，上腕が床と平行で前腕が床に垂直になるようにし，手のひらが上を向くようにハンズアップすることで横幅を作る。ボックスアウトでスライドステップを使う場合には，小刻みなステップを用いる。横幅を広くキープできれば，内側のポジションを死守できる。

ゴールに近いエリアでは，フロントピボットよりもリバースピボットのほうがよい。そのほうが，すぐにボールとゴールへ視線を移すことができ，跳ね返るリバウンドボールを確認できるからだ。ハイポストでは，すばやく動くオフェンスを見失わないために，フロントピボットを使ってもよい（図3-11）。

④クロスボックスアウト

クロスボックスアウトは，強力なリバウンダーをフロントでまもらなければならない状況が生じたときに用いる。図3-12にクロスボックスアウトのローテーションを示した。②がショットを打ったときに，X_5がすぐに④をボックスアウトし，X_4が制限区域を横切って⑤をボックスアウトするという方法だ。④も同様に優秀なリバウンダーのときには，アウトサイドのディフェンダーにローテーションダウンさせ，④をボックスアウトさせることも必要になるだろう。

⑤ハイポストのリバウンドについて

ハイポストやミドルポストは，ローポストよりもボールが跳ね返ってくるまでの時間が長く，リバウンドへ飛び込むスペースも広いということを，ディフェンダーは頭に入れておかなければならない。しかもハイポストからリバウンドへ飛び込むオフェンスは，本章オフェンスリバウンドの4つのステップの項で紹介したすべてのステップを使うことができる。したがって，①のコンタクトせずに単純にリバウンドに入る方法では，オフェンスに対等なリバウンドポジションをとられてしまう。身長で極端なアドバンテージがあれば別だが，そうでなければリバウンドを取られてしまう危険性が非常に高くなる。また，②のすぐにピボットでコンタクトしてボックスアウトする方法でも，ズルさのあるハイポストプレーヤーならば，実際にリバウンドに入ろうとする逆側へフェイクを入れることでボックスアウトをはずしてからリバウンドに飛び込んでくるだろう。そこで，ハイポストから飛び込んでくる優秀なリバウンダーを止めるためには，③のスライドステップを1歩使ってコンタクトしてからピボットしてボックスアウトする方法をとるのがいちばん良い。さらに，相手がモーゼス・マローン級のプレーヤーならば，リバースピボットではなくフロントピボットするか，もしくは正面を向いたままフェイスガードで相手を止めなければならない場面も出てくるだろう（図3-13）。

ハイポストでボックスアウトする場合には，スリーポイントショットのリバウンドにもとくに注意する必要がある。長距離のショットはより遠くへ弾むため，ゴールから遠い位置でのボックスアウトが必要になるからだ。さらに，長距離のショットは，ボールが弾んで落ちてくるまでの時間が長いことも忘れてはならない。

STEP-3
キャッチ

ディフェンスリバウンドの理想は，毎回できるかどうかわからないが，内側のリバウンドポジションをとってオフェンスを背後に抑えるこ

とだ。ポジション争いでは，相手にコンタクトしていくことが重要になる。

キャッチングは，相手にコンタクトしながらバネが縮むように膝を曲げて準備するところから始まる。バネが伸びるようにしてできるだけ高く跳び上がり，空中では腰の部分を「く」の字に折り，背後のオフェンスに向かってお尻を突き出すような姿勢をとる。リバウンドは両手でキャッチして引き寄せるのがよい。リバウンドは頭上前方でキャッチすることによって，背後からリバウンドを取ろうとして飛び込んできたオフェンスのファウルを誘発することもできる。ディフェンダーは肘を張り，ボールを両手でしっかりと保持し，オフェンスと接触してもボールを失うことがないようにする。

速攻を出したいときには，アウトレットパスを少しでも速く出すために，着地してからではなく空中でターンする。

速攻を指向するチームの場合には，着地してからではなく，ディフェンスリバウンドを取りながら空中でターンしてアウトレットパスの準備ができれば，より速いトランジションが可能になる（図3-14）。

STEP-4
速攻を出す

リバウンドから速攻を出す方法には，アウトレットパスとブラストアウト[*32]の2種類がある（図3-15, 16）。いずれの方法も，無意識にできるようになるまで練習すること。

① アウトレットパス

アウトレットパスは，ラダーパスとも呼ばれている。図3-15に示したように，文字通り「はしご状」に示された場所のできるだけ遠いエリアへ出すことが要求されるパスだからだ。図には，コート左側のラダーエリアを示した。すば

Skill

(図3-14) リバウンドボールのキャッチ

両手より片手のほうがより高い位置でキャッチできる

空中で"バチッ！"と音がするくらい両手で力強く

アウトレットのために空中でターンしながら着地し，飛び出している味方プレーヤーに視線を向ける

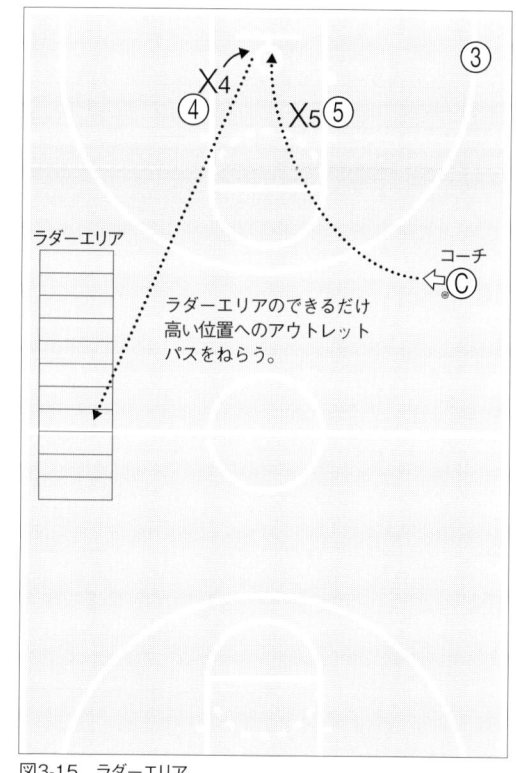

図3-15　ラダーエリア

やく速攻を出すためには，できるだけ遠いエリア（ハーフラインへ近い側のエリア）へアウトレットパスを出すのがよい。しかし，ディフェンダーがハーフライン付近でまもっている場合には，スティールされる危険性が高くなるため，より近いエリアへのアウトレットパスが必要になる。それでもフリースローサークルのトップよりも高い位置でなければ意味がない。

図3-15（ドリル❶「2対2多目的ドリル」）のディフェンダーX_4は，リバウンドを取ったらアウトサイドに向かってピボットし，まず視線を攻めるゴールへ向け，味方が速攻に飛び出していないかを確認しなければならない。もしワンパス速攻が可能ならば，ベースボールパスやフックパスでボールを一気にレシーバーに送る。だめなら，次にラダーエリアのガードを確認し，オーバーヘッドパスを使ってアウトレットし，速攻を開始する（図3-16左）。リバウンダーは，アウトレットパスの優先順位を頭に入れておくことが重要だ。

②ブラストアウト

ポストプレーヤーが少しでもドリブルできるようになれば，速攻を開始するベストな方法が可能になる。図3-15で，X_4は着地しながらまず，ゴール方向へ視線を向けてワンパス速攻をねらう。それがだめなら，次に左足を軸足にアウトサイドに向かってピボットしてアウトレットをねらう。それでもだめならボールを踵の高さと同じくらいに低い位置でスイングさせながらピボットし，数十cm先にボールを投げ出すような感じで突きだし，そのボールに追いついて叩くようにしてドリブルへ移行するのだ（図3-16右）。この動きをブラストアウトという。投げ出したボールを両手でキャッチするとダブドリブルのバイオレーションになるので注意する。ブラストアウトでは，ボールをできるだけ低く

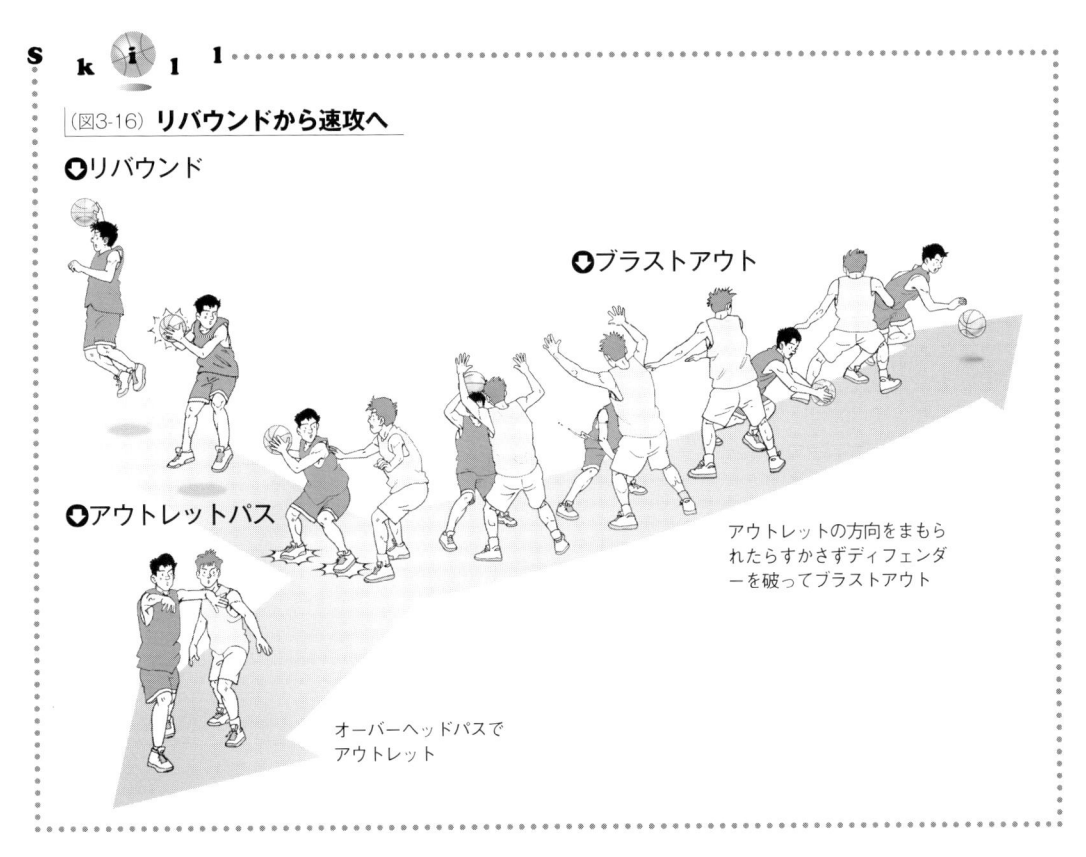

Skill

（図3-16）リバウンドから速攻へ

● リバウンド

● ブラストアウト

● アウトレットパス

オーバーヘッドパスでアウトレット

アウトレットの方向をまもられたらすかさずディフェンダーを破ってブラストアウト

下げ，ディフェンダーの間に頭と肩を通してすり抜けてからボールを最後にすばやく通すのがコツだ。ピボットフットが床から離れる前にボールを離さなければトラベリングのバイオレーションになる。

　リバウンダーが1回ドリブルついた瞬間に，アウトサイドのガードはラダーエリアを駆け上がる。ガードの足が速ければ，フロントコートのフリースローラインの延長線上まで進むことも可能だろう。ガードがオープンであればパスを出し，リバウンダーは速攻の空いているレーンを埋める。ボールを受けたガードは，ドリブルでミドルレーンに進み，3線速攻へ移行する。ブラストアウトをしかけると，オフェンスリバウンドに飛び込んできた相手2～3人を一気に出し抜いてアウトナンバー状態を作り出せる。

➡ ドリル

　ブラストアウトの練習にはドリル❽が有効だ。このドリルは，ディフェンダーにタイトにまもられたときにピボットしてボールをプロテクトする練習にもなる。ドリル❻からドリル❿までのメニューに取り組むときには，ローポストとハイポストからのオフェンスリバウンドとディフェンスリバウンドについて，「どうやるか」という具体的なやり方だけでなく，「いつやるか」という動きのタイミングについても十分に意識して練習することが大切だ。

　一般に，ディフェンスリバウンドは個人のスキルの優劣に大きく依存すると考えるコーチが多いため，プレーヤーには3つのムーブすべてを練習させるだろう。しかし，筋力，クイックネス，身長は1人1人みな異なっていることを忘れてはならない。3つすべてを練習したなかで自分に合ったムーブが1つでも見つかれば，試合ではその動きを使えばよい。大切なことはオフェンスをボールから遠ざけることであり，個々の動き方はそれを達成するための1つの手段にすぎない。手段に気をとられている間に，肝心のリバウンドを相手に取られてはまったくの本末転倒だ。

➡ まとめ

　リバウンドにおいてはフロアポジションが最も重要な意味を持つため，本章の最初の部分でポジションの優先順位について述べた。次に，どうやってそのポジションを獲得するのか，ポジションをとったあとにどうやってリバウンドボールを処理するのかが問題になるので，オフェンスリバウンドとディフェンスリバウンドに分けて，必要なムーブとその具体的なやり方について説明した。次の章では，ポストプレーに必要なパスを紹介する。

〈P.66〉＊32．ブラストアウト［blast-out，blast＝爆破する］：アウトレットパスではなく，リバウンダーがドリブルで一気にディフェンスを突破して速攻を開始する動きを指す。

ドリル (DRILL ⓮〜⓴)

DRILL ⓮
アジリティティップ ドリル
Agility Tip Drill

目的
- ★ジャンピングアジリティの改善。
- ★セカンド，サード，フォースショットに連続的に跳ぶ。
- ★コーディネーションとアジリティの強化。
- ★リバウンド時の空中でのターン。

手順
1．プレーヤーはゴール下でリングに正対する。
2．ジャンプしてリングにタッチする。90度ターンして着地し，肩をゴールへ向けた状態になる。着地と同時に再度リングに向かってジャンプし，180度ターンする。最初に着地したときと逆側の肩が前になるようにする。これを30秒続ける。
3．毎回リングにタッチし，着地の前に体を捻る。

DRILL ⓯
スーパーマン ドリル
Superman Drill

目的
- ★アジリティの改善。
- ★セカンド，サード，フォースショットに連続的に跳ぶ。
- ★コーディネーションの強化。
- ★リバウンド時の空中でのターン。

手順
1．プレーヤーはどちらかのビッグブロックに位置する。
2．制限区域の反対側に跳ね返るようにボールをボードにぶつける。
3．制限区域に1歩踏み込んで力強くジャンプし，空中にいる間にゴールに正対するように体を捻る。
4．ボールをキャッチしたあとに逆側の制限区域の外に着地し，着地と同時にボードの反対側に跳ね返るようにボールをぶつけ，逆サイドにジャンプする。
5．30秒から始め，1分30秒まで延ばしていく。

DRILL ⓰
2対2多目的ドリル
Two-on-Two Multiple-Purpose Drill

目的
- ★オフェンスおよびディフェンスのリバウンド。
- ★ポストアップ，ポストムーブ，ポストシューティング，ロー・ローのパスの習得。
- ★ローポストディフェンス。
- ★戦術的思考力の獲得。

手順
1．コーチがボールを持った状態から開始。コーチはシュートするか，③または⑤へパス。X_4のディフェンスポジションが悪い場合には④へパスしてもよい。
2．X_5はコーチに正対させ，⑤がどちらの側にフラッシュしてくるかわからない状態にしておく。
3．⑤がX_5のそばに来たらライブの状態になり，ポジション争いを開始する。
4．ショットがおこなわれた場合には，オフェンス，ディフェンスもそれぞれのリバウンドテクニックを使ってリバウンドを争う。
5．コーチが⑤へパスした場合には，⑤はX_5に対してすばやくムーブをしかけて得点をねらい，ショットがおこなわれたらリバウンド争いになる。⑤がドロップステップを使ってゴールへ向かった場合には，X_4はヘルプディフェンスで⑤のパワーレイアップを阻止

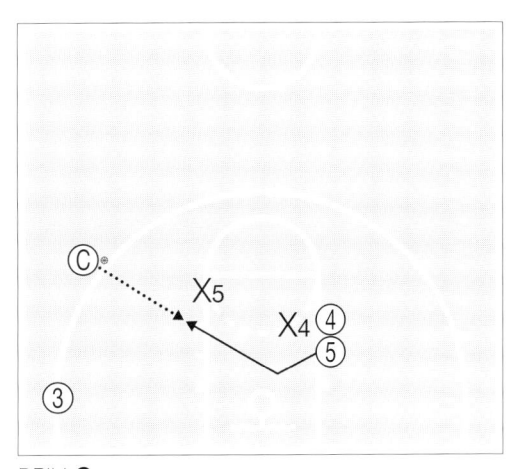

DRILL ⓰

してもよい。⑤は力ずくでパワーレイアップにもち込んでもよいし，④へパスを通してシュートさせてもよい。いずれの場合にもリバウンド争いになる。

6．コーチがシュートせず，また⑤にもパスできない場合には③へパスする。③はシュートしてもよいし（リバウンド争いになるが，リバウンドエリアの優先順位が変わる），ポストアップするインサイドの⑤へパスしてもよい。⑤にボールが入れば，シュートするかムーブをしかける。③は⑤にパスが入らない場合にはコーチにパスを返す。③が⑤へパスしても，⑤がいい状態でショットやムーブをしかけられない場合には，③かコーチへパスを返す。バッドショットの習慣をつけてはならない。

7．③からコーチへパスが返された場合には，⑤はポジションをとり続けてもよいし，ローポストエリアの上部を横切ってウィークサイドへカットしてもよい。⑤がウィークサイドへカットしたのを合図に，X_5は再びコーチに正対し，④がストロングサイドにフラッシュする。X_5が④をまもり，X_4が⑤をまもってドリルは続けられる。

DRILL ⓱
パワーレイアップ ドリル
Power Layup Drill

目的

★ドロップステップの習得。
★ポンプフェイクの習得。
★パワーレイアップの習得。
★オフェンスの連続リバウンド。

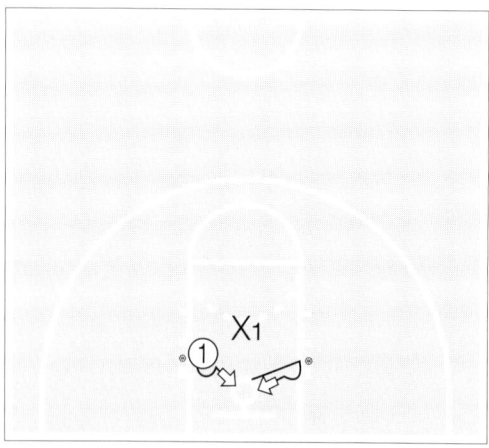

手順

1．両側のビッグブロックにボールを置く。
2．①はボールへステップし，ドロップステップからポンプフェイクを入れてパワーレイアップにもち込む。
3．X_1は①が逆のビッグブロックへ向かっている間に，シュートされたボールをリバウンドし，空いている側のビッグブロックに置く。①はボールをピックアップし，今度はドロップステップからポンプフェイクを2回入れてパワーレイアップをおこなう。
4．これを1分間続ける。X_1と①の役割を交代してもう1分間続ける。必要に応じて時間設定は延ばしてもよい。

DRILL ⓲
1対2ピボット ドリル
One-on-Two Pivoting Drill

目的

★ブラストアウトの習得。
★2人のディフェンダーにトラップされた状態でボールをまもる。
★ディフェンスをステップスルーするムーブの習得。
★トラップ。

手順

1．3人組に分かれる。
2．2人がディフェンスになり，オフェンスがボールを持つ。ディフェンスはファウル気味にボールを取りに行く。
3．ボールを持ったプレーヤーは，ディフェンスから遠ざかるようにピボットを続け，ボールをできるだけ低くスイングさせる。これを30秒続けたらディフェ

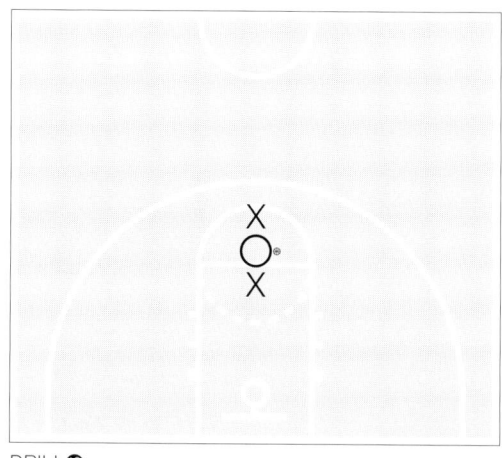

DRILL ⓱

DRILL ⓲

ンダーになり，交代したプレーヤーが新しいオフェンスになる。1分30秒で3人すべてがピボットを使ってボールをまもる練習ができる。

DRILL ⑲
1対1ボックスアウト
One-on-One Block-Outs

目的

★オフェンスリバウンドとディフェンスリバウンド。
★オフェンス，ディフェンスともにアグレッシブにゴールへ向かうプレー。

手順

1．サークルの中央にボールを置き，2人のディフェンダーがフリースローサークルの内側，2人のオフェンスプレーヤーがサークルの外側に位置する。
2．コーチの合図（ホイッスルまたは声）と同時に，ディフェンスは3つのテクニック（直接リバウンドへ入る，スライドステップを使ってからボックスアウトする，すぐにボックスアウトする）を駆使してオフェンスがボールに触れないようにする。オフェンス側はオフェンスリバウンドのテクニックを使う。
3．3秒以上ボックスアウトをキープすることができれば，ライブなリバウンド争いへ進んでもよい。

DRILL ⑳
2対2リバウンド ドリル
Two-on-Two Rebounding Drill

目的

★オフェンスリバウンドとディフェンスのリバウンド。
★オフェンス，ディフェンスともにアグレッシブにゴールへ向かう。
★ローポスト，ミドルポスト，ハイポストでのオフェンスとディフェンスムーブの習得。
★ショットチャンス（①と②がシュートできない場合には，コーチにボールを返す）。

手順

1．オフェンスプレーヤー2人がフリースローラインの両端に立ち，それぞれにディフェンダーをつける。コーチはスリーポイントラインに沿ってドリブルし（ラインよりも内側のエリアでもよい），①と②へのパスをねらう。①と②は制限区域に沿って上下する。
2．コーチからボールを受けたプレーヤーはゴールに向かってプレーし，ショットをねらう。コーチはパスせずにシュートしてもよい。
3．ショットがおこなわれた場合，X_1とX_2はボックスアウト，①と②はオフェンスリバウンドのテクニックを駆使してポジションを奪う。
4．オフェンスとディフェンスはともに，リバウンドの優先順位1番か2番のエリアを確保する。これはオフェンスとディフェンスに判断を要求する（戦術的思考力，ムーブ，スキル）。
5．ディフェンスリバウンダーは，アウトレットパスかブラストアウトをおこなう。オフェンスリバウンダーは，ティップ，ポンプフェイクからのパワーレイアップ，あるいはキャッチ＆ショットなどをねらう。

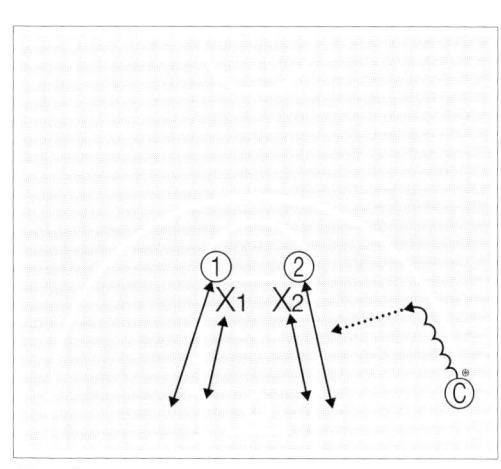

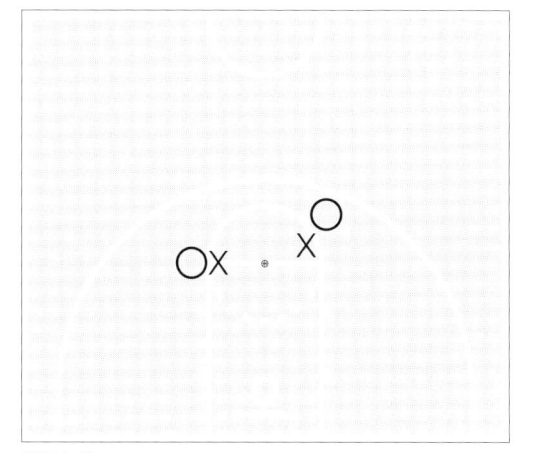

DRILL ⑲

DRILL ⑳

オフェンス側は，高確率のショットが打てるローポストに何とかしてボールを入れようとする。それに対してディフェンス側は，ダブルダウンやローテーションなどのヘルプディフェンスですばやく対応してくる。ヘルプされて自分ではシュートできないと判断したら，ローポストはすぐにオープンになっている味方へのパスを選択しなければならない。本章では，ポストプレーに必要不可欠な4種類のパスについて解説していく。

1……ポストプレーに必要な4種類のパス

4種類のパスの説明に入る前に，ドリル㉑の「ポストパッシング ドリル」を理解してほしい。このドリルは，ハイポストとローポストに必要な4種類のパスをすべて含んでいる。インサイドの④⑤⑥にはそれぞれディフェンスをつけ，アウトサイドの③にはいずれもディフェンスをつけずにおこなう。

このドリルをおこなう場合には，ディフェンス側のヘルプの仕方を，自分たちのチームが採用している方法1つに限定するのか，それとも相手チームがしかけてきそうな方法すべてにするのかを決めなければならない。どれを選択するかはコーチの考え方にまかせるとして，本書では可能性のあるすべての方法について，その対処法を述べることにする。

1.
ハイポストからローポストへのパス（ハイ・ロー）

ハイ・ローのパスは，ディフェンスのまもり方によって，バウンスパスかバックドアのロブパスになる。ここでは，ドリル㉑bの図から④を抜いた図4-1の状況で考えてみよう。

X₅が，ボディチェックで⑤のポストアップを止めようとした場面だ。ボディチェックによって，X₅が⑥から⑤へのダイレクトなバウンスパスを止めることはできても，バックドアのロブパスは防ぎようがないことを示している。パッサーの⑥も，バウンスパスだけでなく裏へのロブパスがあることを忘れてはならない。パッサーとレシーバーのねらいを一致させるためにも，ボディチェックされた⑤がバックドアをねらう合図を出したら，⑥がゴールの横へロブパスを送るという約束を作ればよい。

ここで使うのはフリップロブパスだ（P.26図2-15参照）。ハイポストの⑥は頭上にボールを上げ，肘を少し曲げた状態で手首を使い，ジャンプしたディフェンダーの約30cm上を通すイメージだ。ボールをあまり高く浮かせすぎるとディフェンダーにリカバリーする時間を与えてしまうので，ジャンプしたディフェンダーがぎりぎり取れないくらいの高さでパスを出す。

X₅がボディチェックできずにビハインドでまもったときには，⑥はバウンスパスを選択すればよい。この場合には，⑥は自分のディフェ

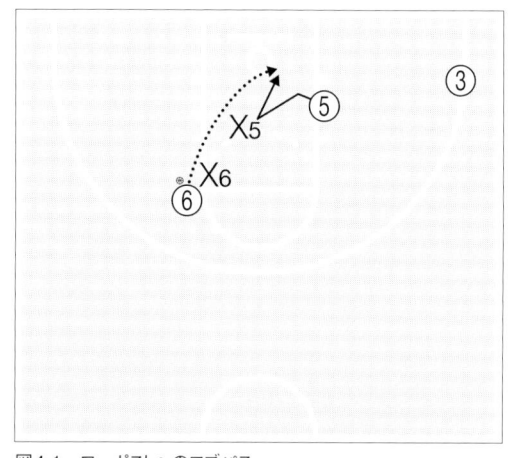

図4-1　ローポストへのロブパス

ンダーの横からパスを通すために，ステップアウトしてからのバウンスパスが必要になる場面もあるだろう。また，頭上からフリップパスを通すこともできる。フリップパスは頭上にボールを上げ，手首を使ってストレートにパスを通す（フリップロブパスのように浮かすパスではない）。フリップパスはパスフェイクを入れてからでないと，目の前のディフェンダー（X_6）に簡単に防がれてしまうので注意が必要だ。ボールを受けた⑤は，得点をねらう。ヘルプディフェンスで対応された場合には，ロー・ローか，ロー・ペリメターのパスを選択する。

図4-1の状況では，ハイ・ロー以外にもう1つのオプションが考えられる。それは，ハイポストの⑥が，ローポストではなく，ウィークサイドの③へパスするハイ・ペリメターのパスだ。パスに合わせて，⑤が第2章で紹介した**ウィークサイドピンニング**（P.17参照）をしかければ，③から簡単にパスを受けることができる。③へのハイ・ペリメターのパスにはダイレクトフリップパスを使う。

2. ローポストからローポストへのパス（ロー・ロー）

ロー・ローのパスは，ローポストをまもるためにディフェンスがローテーションで対応してきたときに使う（ドリル⓫でX_4がローテーションした場面参照）。ドリル㉑のポストパッシングドリルでもこのロー・ローのパスを使う場面がある。ドリル㉑aの状況で，⑥をまもっているX_6がハイポストへのパスをオーバープレーでディナイしたにもかかわらずスティールできなかった場面を想定する。ボールを受けレイアップをねらってゴールへドライブしてくる⑥を止めるためには，X_5がローテーションするしかない。このときに，オープンになった⑤はその場で待つのではなく，ビッグブロックの位置からゴールへ1歩踏み込んで合わせること。当然，ハイポストをまもっていたX_4が⑤をまもるためにローテーションダウンしてくるので，ロー・ローのパスはすばやく適切なパスでなければ通らない。

ロー・ローの状況では両手でボールを持ち，

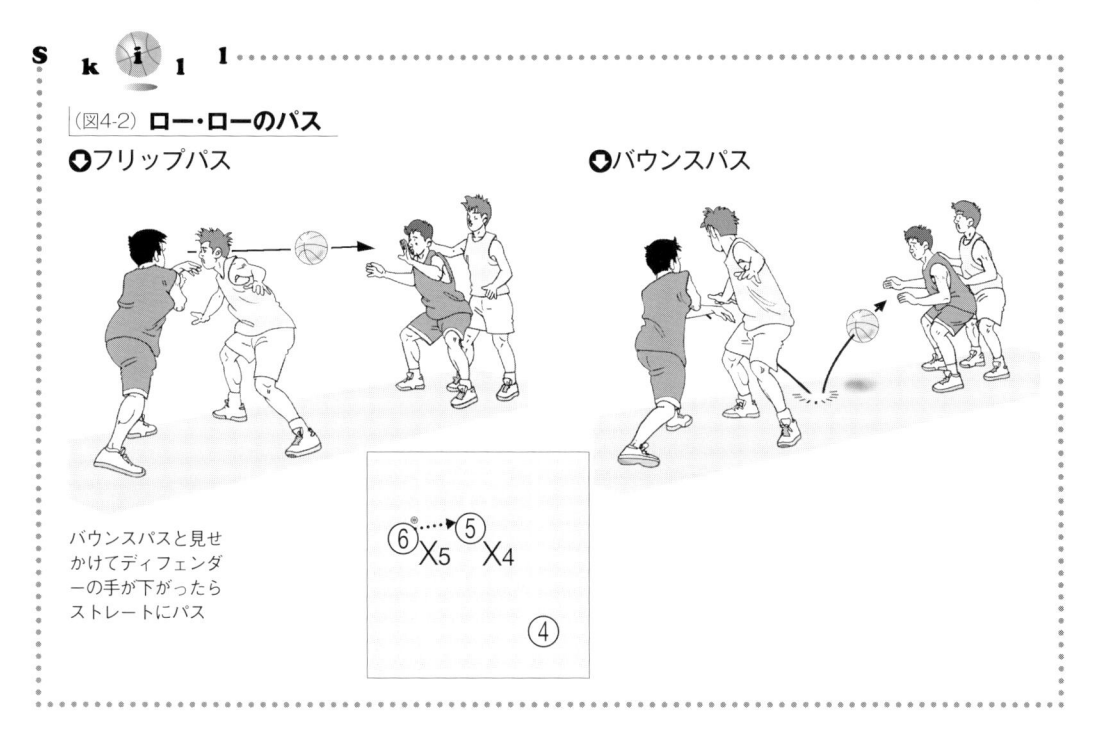

Skill

(図4-2) ロー・ローのパス

◯フリップパス

バウンスパスと見せかけてディフェンダーの手が下がったらストレートにパス

⑥ ⑤
X_5 X_4

④

◯バウンスパス

フリップパス（図4-2左）で⑤のバックボード側へパスを送る方法が選択できる。ローテーションダウンしたX₄が⑤の背後になるような位置にパスすることが大切だ。パスを受けた⑤はそのままパワーレイアップにもち込む。もう1つのオプションとして，ローテーションしてきたX₅のベースライン側から⑤へバウンスパス（図4-2右）を通す方法が考えられる。この場合には，バウンスパスに順回転を与えて，パスがすばやく⑤へ渡るようにする。X₄のローテーションが遅れて⑤がオープンになったときには，前者のすばやいフリップパスが効果的だ。⑤はいつパスが来ても正確にキャッチできるように両手を上げて準備をしながら動くようにする。X₄のローテーションダウンが速く，⑤へロー・ローのパスが通せないときには，オープンになっている④へパスを戻すロー・ペリメターのオプションが必要になる。

3. ローポストからペリメターへのパス（ロー・ペリメター）

ロー・ペリメターのパスには2つのプレーが含まれる。1つはローポストエリアにディフェンスが密集したときに，ペリメターにパスを出してスペースを広げるプレーだ（ハイポストへのパスも含まれる）。ディフェンスがダブルダウンでローポストを抑えにきた場合に，ペリメターにボールを出してジャンプショットを打たせるような場面もこれに含まれる。もう1つは，ゴールにカットしてくるプレーヤーへパスするプレーだ。

ドリル❶に，ダブルダウンに対する練習方法を示している（P.90「1. ローポストディフェンスに必要な7つの技術」参照）。X₅とX₂にダブルダウンされている⑤は，②がオープンになっていることがわかるだろう。②はパスを受けてジャンプショットを打つために1歩踏み込んで待つ。当然，X₁が②をカバーするためにローテーションすることもあるが，そうすれば今度は①がオープンになる。②はジャンプショットではなくレイアップをねらってゴールへカットすることも可能である。このケースでは，⑤はカットしてくる②へパスを通してレイアップを打たせる。

ジャンプショットをねらって1歩踏み込んだ②へは，すばやいオーバーヘッドのフリップパスを出す。いっぽう，レイアップをねらってカットしてくる②へのパスには，短いバウンスパスが適しているだろう。ローポストでボールを保持しているプレーヤーは，これらの状況を判断する力を養うと同時に，最適なタイミングでパスを通す力をつけなければならない。最初は誰でもローポストでボールを長く持ちすぎる傾向がある。これは克服しなければならない最大の課題である。しかし，ドリル❶やドリル㉑を使えば，パスを出すタイミングを修正できる。ローポストでダブルダウンされたケースでは，オープンなプレーヤーを見つけてパスを出しやすくするために，常にミドルライン側へピボットすることが肝心だ。ベースライン側へピボットすれば，ディフェンダーの圧力で外側へ押し出されてしまい，さらに視野を制限される結果になってしまうからだ。

ポストパッシングドリルのなかでどのようにロー・ペリメターのパスが発生するかを，ドリル㉑dを使って説明しよう。図では④がコーナーの③にパスをしたあとに⑥へスクリーンをセットしているが，同じ状況で④がローポストの⑤にパスし，X₄が⑤へダブルダウンをしかけた場面を想定する。このケースでは，④は1歩踏み込みジャンプショットを待つこともできるし，ゴールに向かってカットし，バウンスパスを受けてレイアップをねらうこともできる。いずれもロー・ペリメターのパスだ。

これまでの説明でわかるように，ドリル㉑のポストパッシングドリルは，ただ単にパスだけ

を練習するものではない。スクリーン，カット，ポストアップ，ポストムーブ，ショット，ディフェンス，リバウンドなど，ハイポストとローポストのプレーに必要なすべての要素を，とくにパスを強調しながら練習できる総合的なドリルなのだ。しかも最小限の人数で構成されているので，コーチによる観察，評価，あるいは問題点の修正が非常にやりやすいドリルでもある。

4. ハイポストからペリメターへのパス（ハイ・ペリメター）

図4-3は，ハイポストからストロングサイドのウイングへパスした場面を示している。④はパスのあとにローポストへカットしてポストアップすることもできるし，ウィークサイドのハイポストかローポストへスクリーンアウェイすることもできる。スクリーンのあとにロールバック（P.84脚注参照）してもよい。

図4-4は，ハイポストからウィークサイドのウイングへパスした場面を示している。この場合，⑥はローポストでポストアップすることもできるし，ハイポストの⑤や④へスクリーンをセットすることもできる。このハイ・ペリメターのパスは，ハイポストを経由してボールを逆サイドへ展開するような場合に多く用いられる。ゾーンディフェンスや，ウィークサイドからストロングサイドへ大きく寄ってヘルプポジションをとるようなマンツーマンディフェンスに対して多くのチームが使用するパスだ。

では，ハイ・ペリメターにはどんなパスを使えばよいのだろうか？　ハイポストでパスを受けた④は，ボールを頭上に上げ，ボールを保護するために肘を張る。ここから，どちらかのサイドのペリメターへフリップパスを使ってパスを送ればよい（ドリル㉑参照）。

ハイポストにフラッシュすると，ペリメターのプレーヤーからパスをもらうことができるが，パスを受けたあとにどんなプレーを選択するかが重要になる。まずはパス&ランでゴールにカットしたり，あるいはパス&アウェイでスペースを作る動きをするパッサーへのリターンパスをねらうべきだ。ポストにパスを入れてもオープンなプレーヤーに必ずパスを返してくれることがわかれば，ペリメターのプレーヤーもポストにパスを入れやすくなる。パスを入れても二度と戻ってこないブラックホールのようなポストプレーヤーでは，信頼されないばかりか，パスを入れてもらえなくなるだろう。

ハイポストでは，できるだけすばやいオーバ

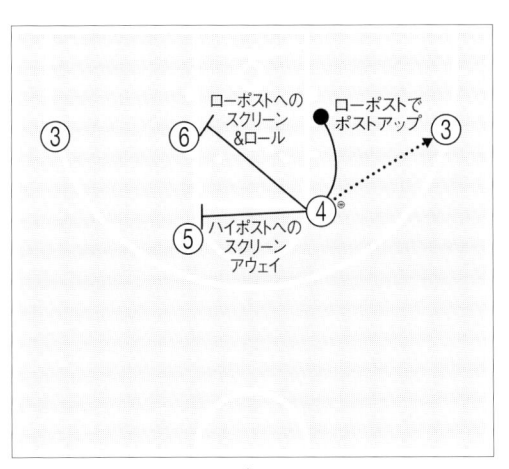

図4-3　ハイポストからストロングサイドのペリメターへのパス

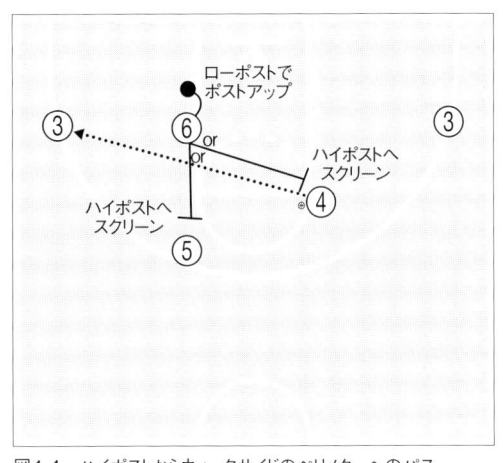

図4-4　ハイポストからウィークサイドのペリメターへのパス

ーヘッドのフリップパスができるようにする。浮かせたパスではなく手首のスナップを使った強いパスだ。浮かせるとしても，ジャンプしたディフェンダーが手を伸ばしてぎりぎり届かないくらいの高さでよい。

ハイポストでは，ステップアラウンドのフックバウンスパス*33を身につけることも大切になる。ゴールに背を向けた状態で，ゴールへカットしてくるプレーヤーへパスを通すときに使うパスだ。このパスは，ディフェンダーに正対している場合でも使うことができる。ハイポストから，ポジションをとっているローポストへボールを送るのにも最適のパスだ。

ゾーンアタックでハイポストから逆サイドへ展開するパスには，床と平行かもしくは少し浮かせたすばやいフリップパスが必要になる。

2……チーム独自のパッシングドリルを作る方法

チーム独自のパッシングドリルは，そのチームのオフェンスシステムを反映したものでなければならない。プレーヤーがパスの技術を学びながら，同時にチームオフェンスの動きを身につけることができるようなドリルを，コーチが創造力を働かせて作り上げればよい。

そのためにはまず，自分のチームのオフェンスを図示することから始めよう。図4-5と図4-6は，ジョン・ウドゥンが考案したUCLAカットから入る有名なセットプレーだ。この項では，現在でも多くのチームが応用しているこの効果的なプレーを使って，チーム独自のパッシングドリルを考案する手順について説明していく。

プレーを図示したら，次にパスのオプションに合わせてプレーを部分に分解し，部分ごとにドリルを作っていく。UCLAのオフェンスからは，6つのドリルを作ることができる(以下に紹介する分解ドリルは，図4-5と図4-6のなかに示してあるパスの番号にそれぞれ対応している)。

第1のドリルは，ガードからウイングへのパスだ。これは，ほとんどのチームがオーバープレーしてくるので，分解ドリルを作って取り出して練習する必要がある。③にパスが渡った瞬間にダブルチームをしかけてくるチームもあれば，③を完全にディナイし，インサイドはフロントでまもるチームもあるだろう。ディフェン

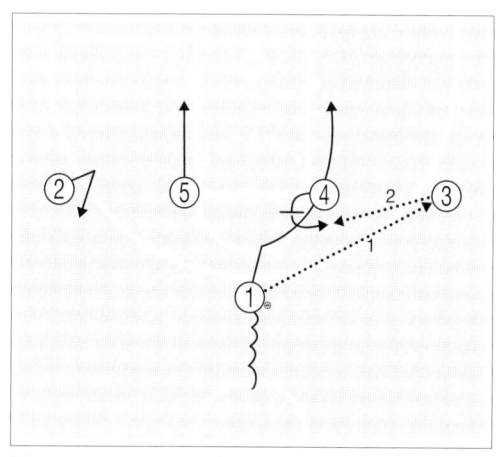

図4-5　UCLAオフェンスを利用した分解ドリル(1)

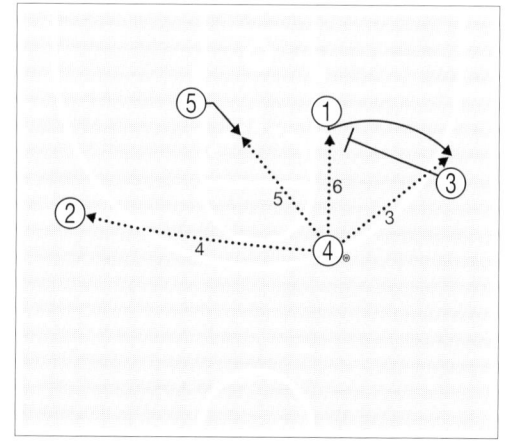

図4-6　UCLAオフェンスを利用した分解ドリル(2)

スの対応の仕方は山ほどあるが，コーチはすべての方法を考慮に入れて対処法を準備しておかなければならない。ディフェンスに応じて，それぞれ違ったパスが要求されるからだ。チームのパッシングドリルに入る前に，プレーヤーが基礎的なパス技術を身につけておかなければならないことは言うまでもない。

第2のドリルは，ウイングからハイポストへのパスだ。ディフェンスはこのパスも阻止してくることが予想されるので，コーチは少なくとも④が⑤へスクリーンをかけるオプションを準備しておく必要がある。④と⑤がポジションチェンジをするのである。コーチが1つでも多くオプションを考え，ドリルを作って練習させることができれば，チームの攻撃能力はシーズンが進むにつれてより向上していくだろう。③がウイングポジションでダブルチームされた場合には，逆サイドの②をトップの位置まで移動させ，3方向のパスが選択できる準備をしておくことも必要である。

第3のドリルは，ハイポストからポイントガードへ送るパスだ。ダウンスクリーンのあとにローポストでポストアップする③へパスを入れるのがねらいである。このドリルには④から①へと①から③への2つのパスが含まれるが，1つのドリルとみなす。

第4のドリルは，ハイポストからウィークサイドのウイングへのパスだ。②と⑤のウィークサイドピンニングを使った2対2がねらいになる。このケースでは，②は1対1をしかけることもできるし，インサイドでポストアップしている⑤へパスしてもよい。

第5のドリルは，ハイポストの④から，ローポストでポストアップする⑤へのパスである。本章のハイ・ローで紹介したパスを使う。

UCLAオフェンスを分解した最後のドリルは，ローポストでポストアップするポイントガードへのハイ・ローのパスだ。

UCLAのオフェンスシステムを学びながら，プレーヤーはバウンスパス，ダイレクトフリップパス，オーバーヘッドロブパス，ステップアラウンドバウンスパス，第8章で述べるフットワークなどを身につけることができる（エントリーパス[*34]のあとに③がダブルチームされた場合の対処も練習すべきだ）。プレーの選択肢は無限にある。より多くの選択肢を考え出し，それぞれについてドリルを作って指導できるコーチは，試合において優位に立つことができる。

第1に自チームのオフェンスを図示し，第2にオフェンスを部分に分解し，第3に個々の分解ドリルの選択肢（オプション）を考えるという手順でチーム独自のパッシングドリルを考案してみよう。いくつかのオプションを1つのドリルにまとめるのも良い方法だ。前述したUCLAオフェンスを例に考えると，第4と第5のドリルを1つにまとめることもできる。分解して個別に取り出して練習していたドリルを，シーズンが進むにつれて組み合わせていき，練習時間を短縮できるのも，良いコーチの条件の1つだ。

▶まとめ

本章では，ポストプレーヤーが使う可能性のあるパスについて述べた。それぞれのパスの技術については，プレーヤーが理解しやすいように具体的に解説してある。

最後の項は，コーチがチーム独自のパッシングドリルを考案するための手助けになれば幸いだ。

[*33]. ステップアラウンドのフックバウンドパス：ディフェンスの横に大きくステップし，腕を伸ばしてボールを手首にひっかけるようにし，できるだけ体の中心から遠いところでボールを離すようにするバウンスパス。　[*34]. エントリーパス：セットオフェンスに入るときの最初のパスのこと。

ドリル (DRILL ㉑〜㉒)

DRILL ㉑
ポストパッシング ドリル
Post Passing Drill

目的

★スクリーンとカッティング。
★ウィークサイドピンニング，ウィークサイドロールを含んだポストアップと，ポストアップしてからのすばやいムーブ。
★ローポストとハイポストからのパスの習得。
★ローポストとハイポストでの正しいディフェンス。

手順

1. ポストプレーヤー④，⑤，⑥と2人のウイングプレーヤー（③）を使う。④，⑤，⑥にはディフェンスをつけ，③にはいずれもディフェンスをつけない。ハイポストの④がボールを持ったところか始める。

2. 図aのように，⑤は⑥にダウンスクリーンをセットする。⑥はいったんゴールへ向かうフェイクを入れ，⑤のスクリーンのアングルが良くなるようにする。④は⑥にパスしてもよいし，ローポストでポストアップしている⑤へハイ・ローのパスをしてもよい。

3. 図bのように，④がスクリーンのユーザーの⑥にパスした場合には，⑤は，第2章で述べたウィークサイドピンニンクの原則に従って制限区域を横切るか，あるいはゴールへ向かうフェイクを入れ，④のダウンスクリーンを利用してカットしてもよい。④はスクリーンのあとにロールして制限区域を横切り，動きを連続させる。

4. 図cのように，④が⑥にパスできない場合には，⑥はバックドアカットでロブパスを受けることもできる。⑤は制限区域を横切って⑥にスクリーンをかけてもよいし，ポストアップしてもよい。

5. 図dのように，④が⑥にパスできない場合には，ストロングサイドの③にパスしてもよい。これは，⑤がポストアップしている間に④がスクリーンアウェイをおこなう合図になる。⑥がロブパスを受けるためにゴールへカットしている場合には，⑤が⑥にクロスコートスクリーンをセットしてもよい。⑥は最初からそのスクリーンを期待してゴールへカットするわけではないが，⑤のスクリーンを待つ。④にはウィークサイドの③へクロスコートのパスをするオプションがある。この場合には，⑥はウィークサイドピンニングのオプションを使うことができる。

6. ローポストでパスを受けたらすぐにゴールへ向かってムーブをしかける。例えば，オフェンスがベースライン側へのドロップステップでフリーになった場合には，残りのディフェンスはレイアップを止めるためにすぐにヘルプする必要がある。この瞬間に，ローポストで攻撃をしかけたオフェンスは，すばやくパスの判断をしなければならなくなる。ロー・ロー，ロー・ペリメター（両サイドの③へ），あるいはゴールへカットしてくるポストプレーヤーへのパスをすばやく判

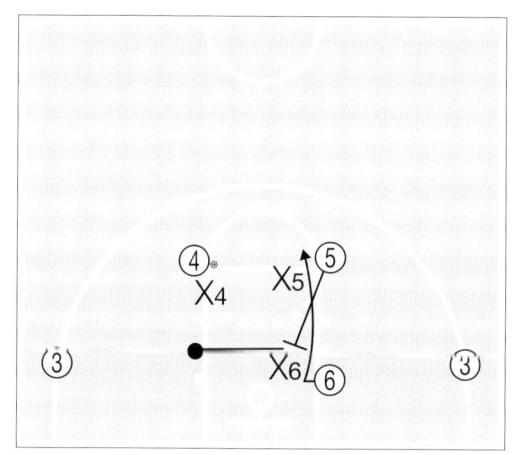

DRILL ㉑ a

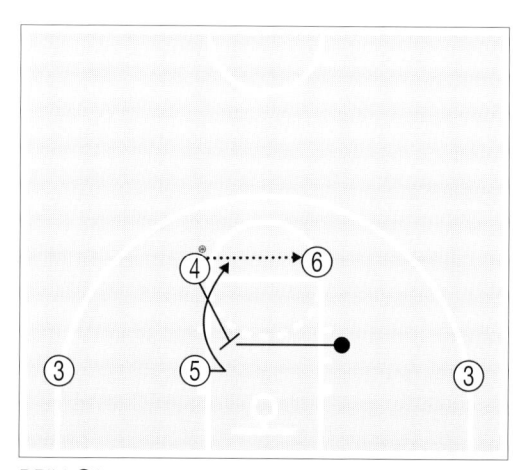

DRILL ㉑ b

断するのだ。ハイポストからローポストへパスを通すハイ・ローのパスもこのドリルのなかで頻繁に起こる。

7．ハイポストのオフェンスは，常にハイ・ローのパスをねらいながら，ビッグブロックでセットされたダウンスクリーンのユーザーへのパス，あるいは両側のウイング（ストロングサイドの③かウィークサイドの③）へのパスを選択する。ウィークサイドのウイングへパスした場合には，ウィークサイドのローポストプレーヤーは必ずウィークサイドピニングをおこない，パスをしたハイポストプレーヤーはスクリーンアウェイすること。ストロングサイドのウイングへパスした場合には，ローポストへカットしてもよいし，スクリーンアウェイしてもよい。

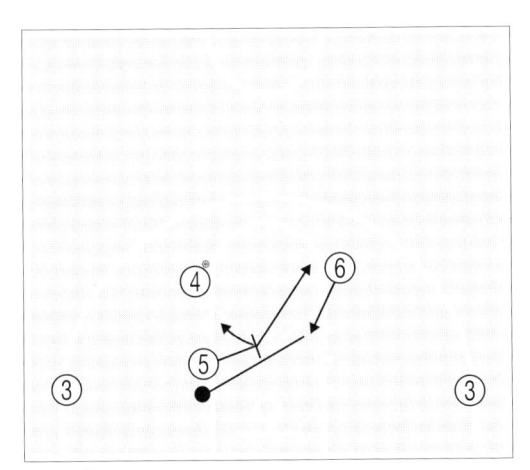

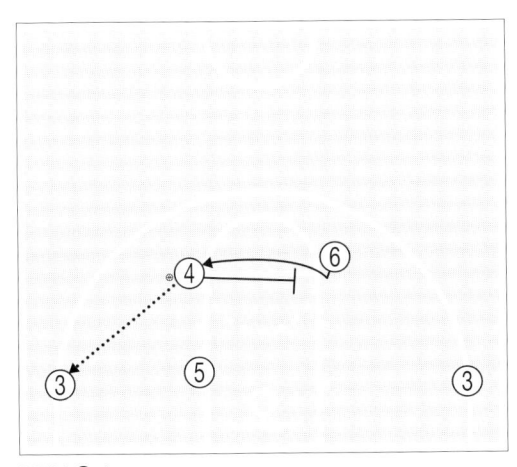

DRILL ㉒
ハイ・ローパス&ピニング ドリル
High-Low Passing and Pinning Drill

このドリルは，図のようにローポストがディフェンスをピニングしている場合に，ハイ・ローのパスを成功させるテクニックを練習するためのものだ。

目的
★ハイ・ローのパス。
★ロール，シール，ポストアップ，ピニング。
★X_4はハイ・ロー攻撃をまもる。
★⑤はハイポストでピボット（進んだ段階ではハイポストでのフェイクを指導する）。
★X_5はハイポストをまもる。

手順
1．図のようにプレーヤーを配置する。⑤→X_4→④→順番待ちの順にローテーションする。X_5を加えたら，⑤→X_5→X_4→④→順番待ちの順になる。

2．X_4は正しく④をまもる（スリークォーターまたはフロント）。まもりが悪い場合には，コーチは④へパスを入れる。

3．⑤がハイポストにフラッシュしたら，コーチは⑤にパスする。⑤はフェイスアップする。

4．④はリバースピボットでロールし，背中でX_4に確実にコンタクトする。コンタクトは⑤へのパスが空中にある間におこなうのがポイントだ。コンタクトによって，X_4はポジションをとり返すことができなくなる。

5．⑤は，④が力強くボールをキャッチできるように，

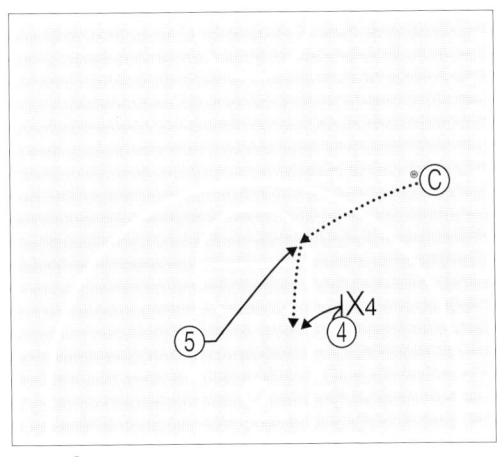

DRILL ㉑ c

DRILL ㉑ d

DRILL ㉒

リードパスをバウンスパスでおこなう。

6．X_4が④の上側からポジションをとり返そうとした場合には，フリップロブパスでパワーレイアップさせる。

7．X_4が④のローサイドのポジションをとった場合には，ポストアップする④にバウンスパスする。④はムーブを使って得点する。

8．X_4が④のインサイドのポジション（ゴール側のポジション）をとった場合には，⑤はコーチにパスし，コーチがピンニングしている④にパスする。④はムーブを使って得点する。進んだ段階として，⑤にX_5のディフェンダーをつける。この場合には，⑤はハイポストでのフェイクやムーブを使う。

第5章
Becoming a Solid Screener in the Post
スクリナーになる

長身プレーヤーは得点能力を高めるのに時間がかかる場合が多い。当然，その間はポイントゲッターとして戦力にならない。しかし，育成に時間のかかるポストプレーヤーも，味方を助ける役割であれば十分チームに貢献できる。得点能力に比べて，リバウンド，ディフェンス，スクリーンという3つの基本的能力は，比較的簡単に向上させることができるからだ。ポストプレーヤーに要求されるこの3つの基本的能力を最初に高めることができれば，得点能力とパス能力を鍛え上げている間にも，プレーヤーは貴重な試合経験を積むことができる。

1……スクリーンプレーの2つの役割

スクリーンプレー[35]には，ユーザーとスクリナーの2つの役割がある。ポストプレーヤーは，スクリーンを使ってオープンになるユーザーにも，スクリーンをセットして味方をオープンにするスクリナーにもなれる。ポストプレーヤーには両方の役割を要求することができるが，得点能力が未発達な場合には，まずスクリナーの役割を要求するのが賢明な策だろう。逆に，得点能力が高い場合には，ポストプレーヤーにスクリーンをセットするチーム戦術を準備するのが効果的だ。

1. ユーザー

スクリーンのユーザーには，スクリーンを「読む（観察する）力：Read Defense」が必要になる。しかし，1人1人が勝手な判断で動いては効果的なスクリーンプレーにはならない。チームが使うスクリーンプレーの種類と，そのオプションを準備するのはコーチの役割であり，プレーヤー全員が共通理解に基づいて判断してこそ，初めて効果的なスクリーンプレーが生まれる。これがチームワークだ。

ユーザーは，自分のディフェンダーがスクリーンにどう対処しているかを読むことが大切になる。スクリーンを使う前には，ディフェンダーの方向に動くフェイクを入れること。この動きによって，ディフェンダーが1～2歩ポジションを調整しなければならなくなるだけでなく，スクリナーが良い角度でスクリーンをセットできるようになる。実際にスクリーンを使う瞬間には，スクリナーの肩にブラッシュ[36]するように動くことが肝心だ。

*35．**スクリーンプレー**：味方プレーヤーを壁のように使ってディフェンダーを振り切り，シュートチャンスを作り出す攻撃戦術。スクリーンプレーは，ボール保持者が関係するオンボールスクリーンと，非ボール保持者同士がしかけるオフボールスクリーンとに大きく分けられる。本書では，おもにオフボールスクリーンについて解説している。壁をセットするプレーヤーのことをスクリナー，壁を使うプレーヤーのことをユーザーと呼ぶ。スクリーンをかける方向によって呼び方が異なる。ダウンスクリーンは，ゴールから遠ざかるユーザーが壁を利用してアウトサイドにオープンを作るねらいをもったスクリーンのこと。バックスクリーンは，ゴールへ近づくユーザーが壁を利用してインサイドにオープンを作るねらいをもったスクリーンのこと。ユーザーのディフェンダーの背後にスクリーンをセットする形になるため"バック"スクリーンと呼ばれる。アップスクリーンも同様にインサイドにオープンを作るねらいのスクリーンだが，とくにローポストからハイポストへのスクリーンを指す。ラテラルスクリーンは，ウイークサイドからストロングサイドへ向かってエンドラインと平行にカットするユーザーが壁を利用する横方向のスクリーンのこと。とくにストロングサイドのローポストからウイークサイドのローポストへスクリーンをセットするプレーはクロスコートスクリーンと呼ばれる。スクリーンアウェイは，パスをしたあとに，パスと反対方向の味方にスクリーンをセットする動きを指す。フェードは，スクリーンをかけたあとに，アウトサイドに広がる動きを指す（ポップアウトと呼ばれることもある）。　*36．**ブラッシュ**［blash=払いのける］：ユーザーが自分のディフェンダーのマークをはずすために，スクリナーの体すれすれを通過する動きのこと。　*37．**ファイトオーバー**：スクリーンプレーに対するディフェンスのひとつ。ユーザーのディフェンダーが，スクリナーとユーザーの間を割ってスクリーンをすり抜ける技術。

2. スクリナー

スクリーンをセットするときには，第1にボールの位置が問題になる。スクリナーは，ディフェンダーがボールに対して直線的に動くことができない位置にスクリーンをセットすることが大切だからだ。

逆方向に動いて角度を整えてからスクリーンをセットするフェイク動作も効果的だ。

スクリナーもユーザーの動きを読まなければならない。これがチームワークであり，練習のなかで強調すべき点だ。ユーザーはスクリーンを使う前にディフェンダーに向かって1～2歩動くという共通理解が徹底していれば，スクリナーもどこにスクリーンをセットすればよいかをあらかじめ決めやすくなる。スクリナーが，ユーザーとボールを結んだ線上に体の中心がくる位置にスクリーンをセットすれば，ディフェンダーは**ファイトオーバー***37しづらくなる。ユーザーのディフェンダーがスクリーンにぶつかった瞬間にスクリナーがロールすれば，ディフェンダーはスイッチせざるを得なくなるだろう。

また，スクリナーは，常に**クイックリリース***38のチャンスをうかがっていなければならない。クイックリリースができないと判断した場合には，スクリーンのあとにボールへ**ロールバック**する（**スクリーン&ロール***39）。クイックリリースを常にねらいながら，『ユーザーの攻撃だけでなく，スクリナーの攻撃もあるぞ』という脅威をディフェンダーに与えることが大切なのだ。

ディフェンダーがスイッチした場合には，スクリナーが第1のねらい目になる。スイッチによってディフェンダーが背後に押し込まれているはずだからだ。スクリーンをセットするときには，最初からスイッチの可能性を頭に入れておかなければ瞬時に対応することができない。ディフェンダーとのコンタクトに備えるために，スタンスを広げてジャンプストップでスクリーンをセットすることが大切だ。腕は体の前にもってきてはならない。ディフェンダーがぶつかった瞬間にリバースピボットでピンニングし，ディフェンダーを背後に抑え込む。

スイッチの場合には，スクリナーが第1でユーザーが第2のねらい目になるのに対して，ノースイッチの場合には，ユーザーが第1でスクリナーが第2のねらい目になる。ペリメターのパッサーは優先順位をよく理解し，どちらにパスするかの判断を誤らないようにしなければならない。

スクリーンプレーは，ドリル㉑（P.80）のパッシングドリルのなかで，とくにスクリーンを強調することによって練習できる。ポイントガードからウイングのポジションにパスが渡ったときは，ロー・ローのクロスコートスクリーン

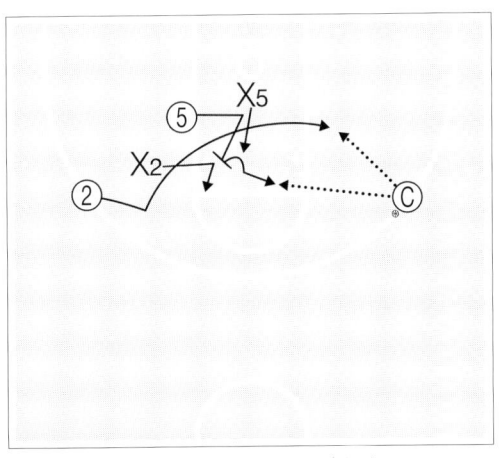

図5-1　ローポストがペリメターにスクリーンをセット

---

*38. **クイックリリース**：スクリーンをセットしたままそこにステイするのではなく，スクリーンをセットしたときに自分のディフェンダーがミスを起こしそうだと判断した瞬間にゴールへ鋭くカットしてパスを受け，レイアップにもち込むプレー（スリップと呼ばれることもある）。　*39. **スクリーン&ロール**：スクリーンをセットしたままそこにステイし，ディフェンダーがスイッチするように仕向けたあとにロールするプレー。ボール保持者に背中を向けてスクリーンをセットした状態から，スイッチしたディフェンダーを背後に押さえ込むためにロール（ロールバック）を使い，ボール保持者に両肩を見せるポジションを保持する。

を使うチャンスだ。

このドリルのなかでは，インサイド同士のダウンスクリーン，またはクロスコートスクリーンの練習がメインになるが，そのほかにも，図5-1に示したようなローポストがペリメターにスクリーンをセットするプレーも有効なので是非攻撃のなかに取り入れてほしい。②はディフェンダーに近づき，スクリーンをセットしやすいように角度を調整する。⑤は②の動きを読んでX_2に適切な角度のスクリーンをセットするが，そのとき，②がフリーになって簡単にレイアップもち込めるような位置にセットする。⑤はスクリーンのあとロールし，コーチに向かってフラッシュする。⑤が第1のターゲットになるか第2のターゲットになるかは，前述したようにX_2とX_5の対応によって決まる。スイッチなら第1のねらい目になり，ノースイッチなら第2のねらい目だ。

準備期にスクリーンプレーの習得に取り組み始めた段階では，コーチがウイングでボールを持ち，ストロングサイドのローポストからウィークサイドへスクリーンをセットする。シンプルなクロスコートスクリーンを使った2対2から練習を開始する。コーチは，スクリナーがスクリーンを正確にセットしているか，あるいはユーザーがディフェンダーを正確に観察できているかをチェックする必要がある。前章のパッシングの項で説明した3段階の手順を用いて，チームオフェンスを分解した独自のスクリーンドリルを創ってほしい。チームオフェンスを指導しながら同時にスクリーンを強調できるようなドリルを考案することが大切だ。

2.....スクリーンプレーの種類とオプション

どんなスクリーンプレーでも，スクリナーは常にユーザーのディフェンダーがスクリーンの下側を通るように仕向けることが大切だ。下側を通れば，ロールによってユーザーのディフェンダーを背後に抑え込むことができ，相手はスイッチせざるを得なくなるからだ。またスクリナーは，常にクイックリリースのチャンスをうかがい，ディフェンダーのミスを突く準備をしておくことが必要だ。ディフェンス側のミスにはおもに次の2つがあげられる。1つは両方のディフェンダーがユーザーをまもってしまうケース（このときにはクイックリリースが効果的），もう1つは両方のディフェンダーがスクリナーをまもってしまうケース（このときにはロールが効果的）だ。

1. ダウンスクリーン

ポストプレーヤーをスクリナーにしたダウンスクリーンを使えば，通常ユーザーがフリーのジャンプショットになるケースが多い。スイッチが起これば，ミスマッチになったスクリナーがゴールに近いところでロールし，ハイ・ローからのパワーレイアップにもち込む絶好のチャンスが生まれる。

ユーザーのディフェンダーがファイトオーバーでスクリーンの上側を通ろうとした場合，ユーザーがバックドアですばやくゴールへカットしてレイアップをねらうこともできる。

....

＊40．フレックスオフェンス：Screen for screenerの原則に則った，バックスクリーンとダウンスクリーンを連続させるチーム戦術。
＊41．バンプ：本書の第6章で紹介されている「ジャム」あるいは「ジャミング」と同義。ゴールへカットするプレーヤーのコースに立ってコースを塞ぎ，カッターのスピードをいったん止めるディフェンスの個人技術。　＊42．シール[seal=封をする，密閉する]：相手の動きを封じること。

2. バックスクリーン

ポストプレーヤーがバックスクリーンをセットする場合には、ユーザーのディフェンダーが少なくとも1歩はアジャストできる位置にスクリーンをセットしなければならない（ユーザーのディフェンダーの背後に直接コンタクトしていくようなバックスクリーンはイリーガルである）。フレックスオフェンス[40]のように、ペリメターにローポストがバックスクリーンをセットするケースでは、体をゴールに向けて背中側でスクリーンをかけるのも一つの手だ。この体勢はディフェンダーがスイッチしたときに最適なポジションになるからだ。スイッチが起こらなければ、ユーザーは簡単にレイアップショットが打てる。

UCLAオフェンス（P.78参照）のように、ペリメターにハイポストでバックスクリーンをかけるケースでは、スクリナーのディフェンダーがバンプ[41]をおこない、カッティングのコースを一時的にふさぐヘルプディフェンスをおこなうのが一般的だ。スクリナーがスリーポイントショットの得意なポストプレーヤーであれば、その瞬間が、ステップアウトしてスリーポイントショットをねらう絶好のタイミングになる。

3. ポストプレーヤー同士のスクリーン

① アップスクリーン

ローポストプレーヤーがハイポストプレーヤーにアップスクリーンをセットすると、ディフェンスはスイッチせざるを得ない。さもなければロブパスから簡単にダンクにもち込まれてしまうからだ。スイッチが起こった場合、ユーザーはローポストに飛び込んだあとにショートコーナーに広がってゴール下をクリアすることが大切になる。これによって、ユーザーのディフェンダーをゴール側からシール[42]しているスクリナーがパスを受けてプレーするスペースが格段に広がるからだ。

② ダウンスクリーン

ハイポストプレーヤーがローポストプレーヤーにダウンスクリーンをセットすると、ノースイッチならユーザーは簡単にジャンプショットを打つことができる。スイッチならスクリナーがロールしてディフェンダーを背後に抑え込み、ハイ・ローからパワーレイアップにもち込む。

③ ラテラルスクリーン

ローポストプレーヤー同士のラテラルスクリーンはまもりづらいプレーだ。スイッチが起これば、スクリナーがロールしてハイ・ローブレーにもち込むことができる。スイッチが起こらなければ、ユーザーが簡単にレイアップできる。コーチは、相手チームがどんなディフェンスでこのクロスコートスクリーンに対応してくるかをスカウティングし、その弱点を突く練習を考案するとよい。

4. 得点力の低いポストプレーヤーをスクリナーに使う

シュート力がない、あるいはフットワークが悪いポストプレーヤーでも、シューターをフリーにするためのスクリナーとしてなら機能させることができる。インディアナ大学を率いたボビー・ナイトは、この戦術をモーションオフェンス[43]のなかにうまく取り入れていた。得点力の低いポストプレーヤーがスクリーンをセットすると、スクリナーのディフェンダーはスイ

---

*43. モーションオフェンス：プレーヤーが常にポジションを「移動（モーション）」しながら攻撃をしかける戦術。プレーヤーが一つのポジションに固定して攻撃をしかける戦術は「スタンディングオフェンス」と呼ぶ。　*44. ヘッジ：フリーになっているオフェンスの方向へステップして瞬間的にヘルプしたあとに、すぐに自分のマークに戻るディフェンスの個人技術（ヘジテーションとも呼ぶ）。P. 94参照。

ッチせずに大きくヘッジ*44する傾向にある。スクリナーの攻撃をあまり気にする必要がないと考え，ユーザーを中心にまもるからだ。この相手の心理を逆手にとり，意図的にクイックリリースをしかけると案外効果的なプレーが生まれる。得点力の低いポストプレーヤーは，わざとユーザーのディフェンダーがファイトオーバーできる位置にスクリーンをセットする。そうすると，ユーザーのディフェンダーがファイトオーバーし，スクリナーのディフェンダーもヘッジするという状況が生まれやすい。その瞬間にクイックリリースで鋭くゴールへカットしてレイアップをねらうのだ。得点力の低いポストプレーヤーにイージーなシュートチャンスを創ることができるメリットもあるが，それ以上に重要なことは，スクリナーにも攻撃があると思わせることによって，結果的にスクリナーのディフェンダーのヘッジが少なくなり，ユーザーがフリーになる確率が高まるということだ。

5. 得点力の高いポストプレーヤーをスクリナーに使う

　得点力の高いポストプレーヤーがスクリナーになると，スクリナーのディフェンダーのヘッジが少なくなる。スクリナーの攻撃力が高いということで，相手はヘッジしづらくなるのだ。スイッチで対応してくればミスマッチができるケースが多い。ミスマッチになれば，ペリメーターのすばやいプレーヤーは動きの遅いポストプレーヤーとのミスマッチで攻撃しやすくなり，得点力の高いポストプレーヤーもインサイドのミスマッチで簡単に得点できるようになる。得点力の高いプレーヤーこそ，味方を活かすためにも，また自分が活きるためにも，スクリーンを活用するべきだ。

6. フェード（ポップアウト）

　スクリーンをセットしたポストプレーヤーは，クイックリリースやロールだけでなく，ディフェンダーがスイッチしたあとにユーザーがカットした方向とは逆へ1〜2歩ステップアウトするフェードをしかけることもできる。これはシュート力のあるポストプレーヤーにはとくに有効な戦術だ。

　フェードによって，ポストプレーヤーがスリーポイントショットを打つこともできる。シュート力の高いポストプレーヤーのいるチームは，ゲームプランのなかにポストのフェードを組み込んでみるのもよいだろう。

7. スクリナーへのスクリーン

　ペリメーターのプレーヤーにスクリーンをかけたポストプレーヤーに，もう1人のポストプレーヤーがスクリーンをセットすれば，まもりづらいスクリーンフォースクリナー（screen for screener）のプレーになる。

　ポストプレーヤーがハイポストにセットしたスクリーンを使って，ペリメーターのプレーヤーがゴールに向かってカットするプレーは，通称UCLAカットと呼ばれる一般的なプレーだ。このプレーのなかで，ユーザーがスクリーンを使ったあとに突然ストップし，スクリナーであったハイポストにスクリーンをセットしてゴールへ飛び込ませるプレーは，あまり頻繁に使われることはないがスクリーンフォースクリナーの原則を使った有効なプレーとなる。創造力を働かせれば，そのほかにも有効なスクリーンの種類やオプションを生み出すことができるだろう。

第6章 ディフェンダーになる
Becoming a Tough Post Defender

相手のオフェンス全体を見渡せるポジションにいるポストプレーヤーには，チームディフェンスの要になるという重要な役割がある。その役割を果たすためには，ポストディフェンスに必要な技術・戦術のねらい，具体的なやり方を理解するだけでなく，それらを用いる適切なタイミングを身につけ，ディフェンスの意思決定を担うだけのプレーヤーにならなければならない。

本章では，ローポストディフェンスに必要な7つの技術と，ハイポストディフェンスに必要な3つの技術についてそれぞれ詳しく解説する。

1……ローポストディフェンスに必要な7つの技術

1. ビッグブロックのディフェンス

ビッグブロックをまもるためには，実際には本章で解説する7つの技術すべてを駆使する必要があるが，ここでは，スタンディングで攻撃するローポストを1対1でまもるケースに限定して説明していく。

第2章の「STEP-2 ポジションをとる」（P.20～）のなかで，オフェンス側は3種類のローポストディフェンス（フロント，ビハインド，スリークォーター）に対して準備する必要があると述べた。フロントのケースでは，オフェンス側はディフェンダーを制限区域の外側へ少しでも押し出し，ロブパスを受けるスペースを作ろうとする。逆にディフェンス側は，背中を使ってオフェンスをビッグブロックから制限区域の内側へ押し込もうとする。このポジションを争うコンタクトをともなったバトルは，近年ますます激しさを増す傾向にある。フロントでまもる場合には，ディフェンダーはボールサイドの腕をできるだけ高く上げ，ロブパスの方向を遮ることが大切だ。それでもロブパスが投げられた場合には，ボールが空中にある間にディフェンダーは後方に高く跳び，自分とレシーバーの間に空間を作らないようにする。ロブパスが通ったあとにウィークサイドからのヘルプローテーションが起こった場合には，そのまま残ってダブルダウンをしかけてもよいし，ローテーションしてもよい。どんなに得点力が高く攻撃力のあるローポストプレーヤーであっても，ボールを持たなければ得点できないのだから，徹底してポストにパスを入れさせないフロントは，チーム戦術的に重要な意味を持つ。しかし，フロントすることによって逆にリバウンドに有利な内側のポジションをとられてしまうため，ウィークサイドからのヘルプローテーションを迫られる場面も多くなる。フロントのメリットとデメリットの両方を計算に入れたうえで，コーチはフロントを採用すべきかどうかの決断をしなければならない。ヘルプローテーションのないフロントでは不備がある。かえって，簡単にリバウンドから得点されてしまうだろう。

ビッグブロックをまもるディフェンダーがビハインドを選択するのは，ローポストプレーヤーの1対1の攻撃力が低いか，もしくはディフェンダーがポストムーブ（ゴールに正対した攻撃だけでなくゴールを背にした攻撃も）をまもる能力に優れているかのどちらかで，ローポストにパスを入れられてもかまわないという判断ができる場合だ。パスを入れられたとしても，ウィークサイドやストロングサイドから，あるいは指定されたプレーヤーがダブルダウンをしかければ，1対1のポストムーブは阻止することができる。ビハインドでまもるディフェンダーは，腕ではなく体を使ってオフェンスをできるだけビッグブロックの外側へ押し出すこと。

何度も言うが，フィジカルな攻防が許されるポストエリアでは，体をはって相手と戦う姿勢が肝心なのだ。得点力のないローポストプレーヤーには，ビハインドで対応すべきであり，フロントやスリークォーターのポジションを選択する必要はない。ビハインドでまもることができるのであれば，そのほうがリバウンドやブロックショットに最適のポジションを確保することができるからだ。

ローポストをまもる最もポピュラーな戦術は，ボールサイドからのスリークォーターだ。フロントフットをオフェンスの足よりも前に出しながら，ファウルにならないようにオフェンスをボールから遠ざけるようにする。ディフェンダーの体重は必ずフロントフットにかける。これによってすばやいステップバックが可能になり，バックドアやロブパスを防ぐことができる。また，体重をフロントフットにかけておけば，図6-1に示したように，ペリメターのプレーヤー間でパスが移動した場合でも，オフェンスの前をすばやくまわってポジションを入れ替えることができるようになる。さらに，フロントフットに加重することによって，バウンスパスやダイレクトパスをスティールしやすくなり，パスが入ったあとにすばやくステップバックしてインラインをまもることも可能になる。すばやく動くことができれば，ペリメターからショットが打たれたときに，スリークォーターの状態からすぐにリバウンドポジションをとり返すこともできる（P.63〜参照）。スリークォーターは，フロントとビハインドの中間で，両方の利点を組み合わせたものだ。

どのまもり方を用いる場合でも「オフェンスを思い通りのポジションでプレーさせない」というのがローポストディフェンスの原則だ。適切なフットワークと，腕ではなく体を使った正しいボディコンタクトでオフェンスをゴールやボールから遠ざけるようにする。ボールがフリースローラインの延長線よりも高い位置にある場合にはベースライン側へ，逆に低い位置にある場合にはフリースローライン側へオフェンスを押し出すのが一般的だ。

マッチアップする相手に簡単にローポスト攻撃をさせないためには，攻撃から防御へ移行するトランジションディフェンスの局面でポジショニングを意識できるかどうかが鍵になる。ボールがバックコートからフロントコートへ運ばれている間に，ビッグブロックに向かう相手に対してボディコンタクトを使ったポジション争いを積極的にしかけるのだ。

ローポストディフェンスの練習には，ドリル❸で紹介したシンプルな1対1を使う。このドリルは，オフェンス側が一通りポストムーブをマスターし，ディフェンス側が3つのまもり方を身につけたあとにおこなうとよい。

ローポストの前をまわってポジションを入れ替えるためには，2ステップ（図6-2）と1ステップ（図6-3）の2種類の方法がある。1ステップは，スリークォーターからフロントになるだけの動き，2ステップはそこからさらに逆側のスリークォーターまでボディポジションを入れ替える動きだ。①から③へのパスに合わせて，⑤はX_5を抑えてポジションをとろうとす

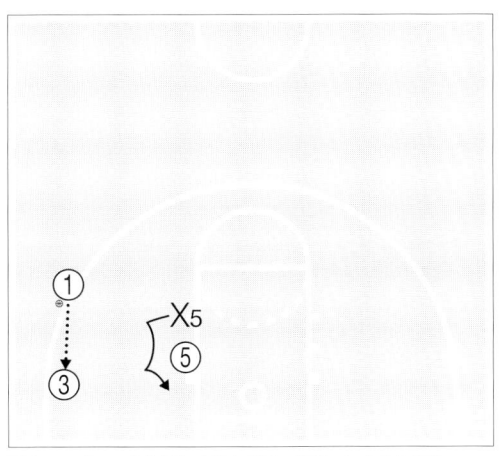

図6-1　ボールの位置に応じたボディポジションの入れ替え

る。逆にX₅はポジションをとられないようにする。そのためには，オフェンスにフロントフットを抑えられないようにしなければならない。フロントフットを抑えられてしまえば，⑤にシールされてしまうからだ。大切なディフェンスポジションを放棄し，簡単に背後に押し込まれるようではディフェンスにならない。たとえポジションをとられたとしても，体をいったん相手から離すことによってオフェンス側の腕を前に出し，相手の体幹にあてることが大切だ。⑤に押し負けないように力を入れることが大切だが，あまり強すぎると⑤を倒してしまい，ファウルを吹かれる危険性があるので注意する。それでもポジションをとり返すだけの力強さは必要だ。このオフェンスの前に出る動きは，第2章で紹介したのと同じ**スイムムーブ**と呼ばれるテクニックを使う（P.15参照）。

　図6-2に示した2ステップを確実におこなうためには，まず左足を完全に相手の前に出してから，次に右足をスリークォーターポジションがとれる位置に動かす。①から③へのパスが空中にある間にこの動きができれば，スリークォーターのポジションをキープすることができる。ハイサイドからローサイドへのパスに合わせて，ディフェンダーもハイサイドからローサイドへポジションチェンジするのだ。パスに合わせてスリークォーターをキープできれば，ロブパスを防ぐこと，ボールと相手の両方を視野に入れること，ポストへのパスにプレッシャーをかけること，③か①がシュートしたときのリバウンドポジションを確保すること，などが可能になる。ポジション移動が遅れて③から⑤へパスが入れば，ベースライン側へ簡単にドロップステップを踏まれてしまう。

　1ステップ（図6-3）は，左足をフロントのポジションへ動かすだけの簡単な方法だ。1ステップは，ハイサイドから使ってもよいが，ローサイドからは使わないようにすること。簡単に内側のポジションをとられてパスを入れられてしまうからだ。1ステップには，うまいプレーヤーならばフロントするディフェンダーからいったん離れ，ディフェンダーがオフェンスの位置を探している間に，ローかハイのどちらか有利なポジションをとり返されてしまうという問題点がある。したがって，1ステップを使う場合には，フロントしたあとにステップバックしながら両手でオフェンスの位置を感じることが大切だ。オフェンスに完全に体を離されないようにできるかが鍵になる。この感覚を身につけるにはドリル❶が有効だ。また，ドリル❷～

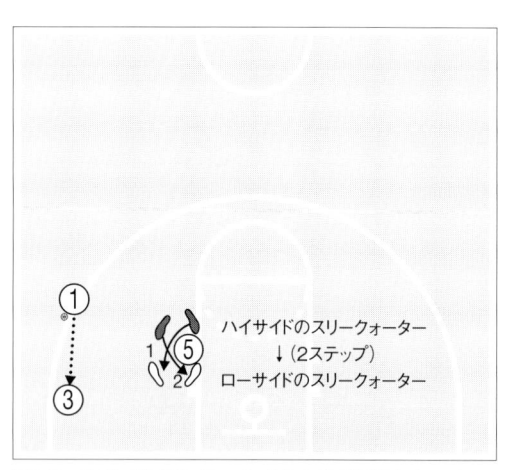

図6-2　ハイサイドのスリークォーターからローサイドのスリークォーターへ

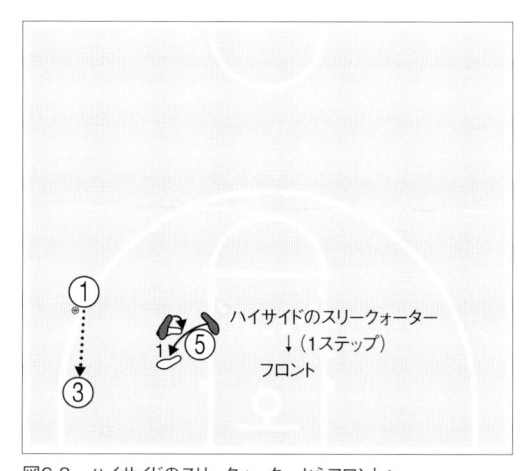

図6-3　ハイサイドのスリークォーターからフロントへ

㉖を使って，ディフェンスの基礎的なムーブをレベルアップさせることもできる。

2. フラッシュポストのディナイ（バンプ）

ディフェンスは，ローポストエリアへ飛び込んでくるオフェンスに最も注意を払わなければならない。対応を誤ると簡単に2点取られるだけでなく，下手をするとカウント1ショットの3ポイントプレーになってしまう危険性があるからだ。ローポストへのカッティングには，単独で飛び込む方法と，味方のスクリーンを使って飛び込む方法がある。いずれの方法を使ったカッティングでも，ディフェンダーはローポストへのフラッシュをディナイしなければならない。そのためには，ディフェンダーは常にボールと自分のマークする相手との間にポジショニングする必要がある。

ディフェンダーは，自分のマッチアップしている相手の特徴を頭に入れておくことも重要だ。相手を知ることによって，例えばジャンプショットが得意でない相手に対しては，ミドルポストよりも外側でボールを持たせるように仕向ければよいという判断ができる。これは，ミドルポストよりも外側では自分のマークする相手とマッチアップしながらアウトサイドのヘルプを意識してもよいということでもある。

ウィークサイドからストロングサイドへフラッシュする⑤をまもるドリル㉗では，オープンスタンスでまもる方法（図6-4）とクローズドスタンスでまもる方法（図6-5）の2種類がある。

オープンスタンスでまもるためには，フラッシュしてくるオフェンスをバンプで抑えたあとに，まず右足を動かしてから次に左足をスイングさせ，ベースラインと平行なスタンスをとるようにする（図6-4）。オフェンスが背後にまわる形になるので，腕と体を使ってオフェンスの位置を見失わないようにすることが大切だ。マークする相手は視野に入らないので，パッサーの状態からすばやくロブパスの危険性も感じとるようにすること。

クローズドスタンスでまもるためには，X_5はバンプのあとにまず左足を動かしてから次に右足をスイングさせ，ベースラインと平行なスタンスをとるようにする（図6-5）。クローズドスタンスはマークする相手を視野に入れたままもるので見失うことはないし，マークする相手を感じる必要もない。ボールから目を離す一瞬の隙にロブパスを通される危険性があるが，⑤のディフェンダーがプレッシャーをかけてい

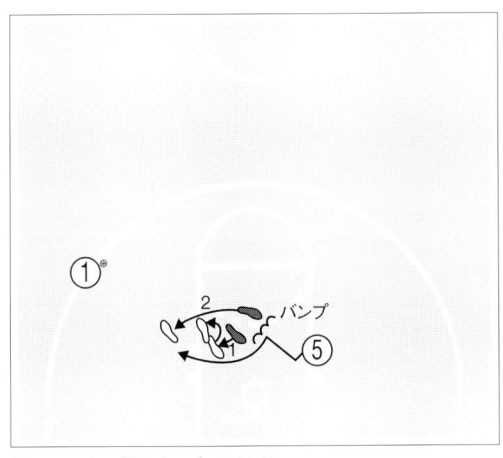

図6-4 バンプからオープンスタンス

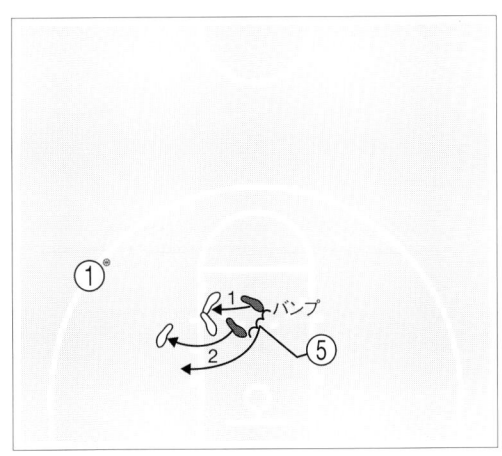

図6-5 バンプからクローズドスタンス

れば，そう簡単にパスを通されることはないだろう。ロブパスの危険性はあるが，内側のポジションをとることができるので，まずはクローズドスタンスですばやくまもる方法をマスターすることが重要だ。

3. アボイドザピン

ドリル㉗の図を使って，アボイドザピンの方法を説明する。①から②へパスが渡るのに合わせて，⑤はストロングサイドへフラッシュする代わりに，ウィークサイドピンニング（②から①へ返すパスに合わせたポジションどり）をしかけるためにX_5に近づいていく。第2章で説明したように，⑤は②から①へパスが渡ると同時にピボットを使ってX_5を抑え込む。ウィークサイドピンニングでポストアップできれば，①から⑤へ簡単にパスが入り，すばやくムーブをしかけることができる。

このウィークサイドピンニングを防ぐためには，まずX_5がその可能性を頭に入れておくことが重要だ。②が①へパスを返そうとする動きを察知したら，X_5はゴール方向へステップしてフェイクをかける。これによって，⑤はピンニングをしかけるコースを変えなければならなくなる。X_5は⑤にコンタクトされないようにしながら，ハイサイド側をまわって①からのパスを防ぐ。ウィークサイドピンニングで⑤にパスが入るということは，X_5がハイサイドからまわりきれずにビハインドに抑え込まれたということだが，この場合には，X_5はインラインをまもっている状態なので，①をマークするX_1がダブルダウンをしかければ⑤は簡単に得点できなくなり，ペリメターへパスを返さざるをえない状況に追い込むことができる。

ウィークサイドピンニングで絶好のポジションをとられたとしても，すぐにパスが入らない場合には，X_5は⑤からいったん体を離し，スイムムーブを使って前に出て，⑤に簡単にパスを入れさせないようにする。X_5は⑤のどちら側をまわっても，ポジションをとり返すことができるが，必ずボールサイド側からを選択すべきだ。体を離す一瞬の隙にペリメターからパスを入れられるかもしれないが，コンタクトを外せなければオフェンスがパスをインサイドに入れられる状況がずっと続くのである。もし前に出ようとしている瞬間に⑤にパスが入ったら，X_5がすかさず⑤とゴールとの間にポジショニングすれば，ダブルダウンをしかけるチャンスが生まれる。

4. ヘッジとジャミング

ヘッジとは，フリーになっているオフェンスの方向へステップして瞬間的にヘルプしたあとに，すぐに自分のマークする相手に戻る動きを示す。ローポストポジションは最もヘッジが使いやすい場所だ。

ローポストでのヘッジは，ハンズアップの状態でおこなうのがよい。ハンズアップしておけば，ヘッジでマークする相手から1歩離れたときに，少しでもマークする相手へのパスを防ぐことができるからだ。ローポストディフェンダーのヘッジによって，フリーのオフェンスの攻撃を一瞬ストップさせ，その間に遅れたディフェンダーがリカバーするのだ。ノースイッチなのでミスマッチになることはない。ローポストディフェンダーが"ローテーション"のコールをした場合だけはローテーションが起こる。

ローポストポジションは，ヘッジだけでなく，ボディチェックを使ってオフェンスの動きを一時的に止めるジャミング[45]を使いやすい場所

---

*45. ジャミング［jamming］：jamは「場所をふさぐ」「狭い場所にむらがる」の意味。

でもある。ジャミングとは，印刷中に用紙が詰まることをジャミングと呼ぶように，自分のマークする相手以外のプレーヤーがカットするのをボディチェックで一瞬滞らせる動きを指す。ローポストは，野球のキャッチャーのように，相手の攻撃全体を視野に入れることができるポジションなので，バスケットボールをよく理解できていれば，相手の意図を先読みしてカッティングを止めることができる。

　カッターの動きを止めるために，ローポストディフェンダーはカッターの正面にステップし，軽くコンタクトしたらすぐに自分のマークする相手に戻る。ローポストのオフェンスがスクリーンをセットしたときには，常にジャミングを使ってカッターの動きをスローダウンさせることができる。その間に，カッターのディフェンダーは自分のマークする相手をリカバーすればよい。ジャミングではカッティングするプレーヤーに対してセンターがスイッチするわけではないので，ミスマッチになることはない。ローポストディフェンダーはノーコールでジャミングかヘッジをし，マークする相手に戻る。一時的にヘルプしてもらったディフェンダーは，スクリナーなどの障害をすばやくクリアし，自分のマークする相手をまもることが大切だ。ポストプレーヤーは，スクリーン，カット，あるいは味方ディフェンダーのミスによってゴール近辺でできたフリーな相手に対して，常にジャミングやヘッジでカバーできるディフェンスの要になることが重要だ。

5. ハイ・ロープレーのディフェンス

　プレッシャーマンツーマンディフェンスに対しては，ハイ・ロープレーを使うのが一般的だ。ウイングポジションにボールがある場合と異なり，ハイポストにボールがある場合にはウィークサイドからのローポストヘルプができないか

らだ。これは，ローポストをディフェンダーが1人でまもらなければならないことを意味している。それでも3秒ルールの制限があるため，ハイ・ローのパスを抑えなければならないのは3秒間だけだ。

　ハイ・ロープレーのまもり方は2種類ある。1つは，ローポストを，フロントを使って1対1でまもる方法だ。ウィークサイドからのヘルプがないので，ハイポストのディフェンダーはボールマンに強いプレッシャーをかけ，ローポストへのパスを簡単にさせないようにしなければならない（P.101「フリーフットにオーバープレーする」参照）。ローポストをフロントすれば，ハイポストのボールマンの選択肢はロブパスに限定される。ボールマンにプレッシャーをかければ，パスミスを誘発させることも可能だ。フロントすればオフェンスに絶好のリバウンドポジションを占められることになるが，ボールマンにプレッシャーをかけていれば，そう簡単にシュートされることはない。フロントは，ディフェンスがオフェンスよりもクイックネスに勝る場合に有効な選択肢だ。

　もう1つは，ローポストをビハインドでまもり，パスが入ればハイポストのディフェンダーがダブルダウン（次項参照）をしかける方法だ。ローポストのオフェンスは，ダブルチームでプレッシャーをかけられた状況のなかで2秒以内に攻撃しなければ3秒オーバータイムになる。ビハインドは，ローポストディフェンダーがオフェンスよりも遅い場合に有効な選択肢だ。

6. ローテーションとダブルダウン

　図6-6に，ローテーションの1例を示した。ここでは，⑤のドロップステップを止めることが目的だが，ローテーションはローポストへのロブパス，ローポストのドリブル突破，あるいはペリメターからのペネトレートをまもる場合に

も有効なディフェンス戦術だ。X_4の"ローテーション"のコールを合図に、X_2が④をまもるためにローテートダウンする。X_5は、まずX_4のローテーションによって空いたスペースへ移動し、X_2のローテートダウンを確認したらX_2のマークする相手をピックアップに行く。

単純にローテーションするだけでなく、トラップへ移行することも可能だ。X_4が"トラップ"とコールした場合には、X_5がそのまま残ってダブルチームをしかければよい。この場合には、X_2が④をまもるためにローテートダウンし、X_3が②と③の両方をまもることになる。

ダブルダウンは、ストロングサイドからしかける場合、ウィークサイドからしかける場合、指定されたプレーヤーがしかける場合の3種類がある。ローテーションで1対1のマッチアップを作るのがマンツーマンディフェンス本来の自然な形であるのに対して、ボールマンを2人でまもり、残りがアウトナンバーになってしまうダブルダウンは特殊なケースなため、効果的に用いるためには反復練習が必要不可欠だ。

図6-7に、ローテーションをともなわずに初めからトラップをしかけることを目的としたダブルダウンの例を示した。③から⑤へパスが入った瞬間に、X_3がダブルダウンに行くのがストロングサイドダブルダウン、X_2がダブルダウンに行くのがウィークサイドダブルダウンだ。いずれも⑤が攻撃をあきらめてパスを返すまでトラップを解消しない。⑤がトラップからパスアウトしたら、ダブルダウンをしかけたX_3が自分のマークする相手に戻るが、味方が③をカバーした場合には、アウトサイドでフリーになっているプレーヤーへローテーションする。この2つのダブルダウンは、X_4がローテーションに加わらずに最も重要なウィークサイドのビッグブロックをまもることができるという長所を持ついっぽう、マンツーマンディフェンスの本来の形を崩して、アウトサイドにオープンなプレーヤーを作ってしまうという短所を併せ持っている。

この状況では、ポスト2枚を使ったウィークサイドダブルダウンも選択できる。この方法には、長身プレーヤー2人がダブルチームでボールマンに圧力をかけ、小さなすばやいプレーヤー3人がスティールをねらえるという利点がある。ボールがフリースローラインよりも下のベースライン側へ移動したら、ウィークサイドのポストディフェンダーが密かにストロングサイドへ移動してダブルチームをしかける準備をし、同時にウィークサイドのペリメターのプレーヤー

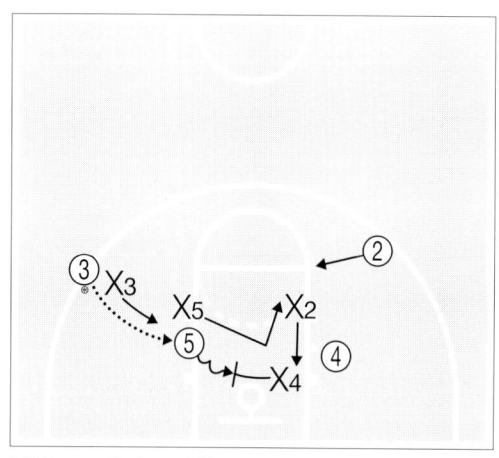

図6-6 ローテーションの例

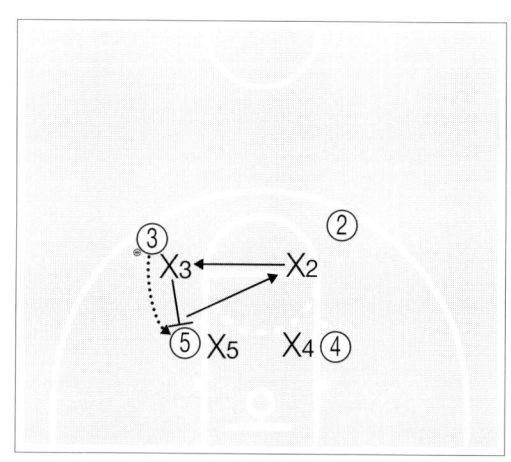

図6-7 ストロングサイドからのダブルダウン

がウィークサイドのビッグブロックをカバーする。

　オープンになったローポストプレーヤーに簡単なレイアップをさせないためには，ローテーションとダブルダウンが必要不可欠だが，ローテーションはおもにローポストをフロントかスリークォーターでまもった場合に起こる。ローテーションはゴールへ向かうポストプレーヤーにパスが入った場合だけでなく，ペリメターのプレーヤーがゴールへ向かってドライブしてきた場合でも起こる。得点するのはボールマンなので，何よりもまずこれを止めなければならない。

　いっぽうダブルダウンは，ポストプレーヤーをビハインドでまもった場合に起こる。フットワークのいいポストプレーヤーも，ダブルダウンを使えばムーブを封じ込めることができる。しかし，その代わりにペリメターにオープンを作ってしまう。したがって，ストロングサイドのペリメターのプレーヤーがリターンパスを受けてショットをねらうチームに対しては，ウィークサイドダブルダウンを選択し，逆にウィークサイドのプレーヤーがゴールにカットしてくるようなチームに対しては，ストロングサイドダブルダウンを用いるべきであろう。コーチは，相手チームの特徴をスカウティングして，どちらの方法を選択すべきかを決めることが大切だ。

　図6-8に，3つめのダブルダウンの方法を示した。図中では①がショット，カットもしくはパスの能力に劣るプレーヤーだと仮定する。この場合に，ローポストにボールが入ったら常にダブルダウンに行くプレーヤーとしてX_1を指定しておくのだ。ペリメターの3人全員に攻撃力がある場合でも，X_1をダブルダウンに行くプレーヤーに指定することはできる。残りの3人がパスアウトされたプレーヤーにローテーションしていき，X_1が最後にオープンになっているプレーヤーにローテーションすればよい。

　ディフェンシブなチームが，年間を通したベーシックなディフェンスの一部としてダブルダウンを使用する場合にも，プレーヤーを指定する方法が採用できる。ローポストのディフェンダーは，ボールがフリースローラインの延長線よりも上にある間はボールサイドからスリークォーターでまもり，ボールがいったんフリースローラインの延長線よりも下へ動けば，ビハインドの位置にスライドし，体を使ってオフェンスをビッグブロックから押し出す。オフェンスはローポストにパスを簡単に入れることができるが，パスが入った瞬間には指定されたプレーヤーがダブルダウンをしかけているという具合だ。指定されたプレーヤーは，自分の役割を常

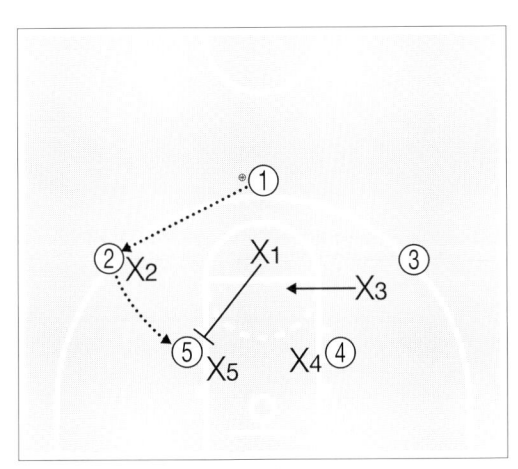

図6-8　指定したプレーヤーのダブルダウン

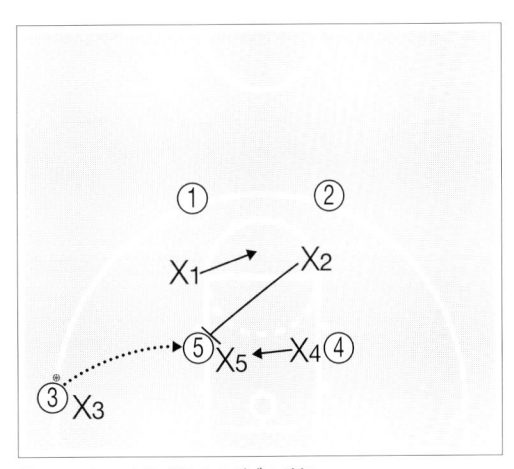

図6-9　ウィークサイドからのダブルダウン

に頭に入れながらまもっているので，ボールがフリースローラインよりも下側へ移動したら，密かにポストに近づいてくるのだ。

図6-9にウィークサイドからのダブルダウンを示した。ローポストにパスが入ったら，ポストのディフェンダーはベースライン側へドライブされてはならない。ダブルダウンをしかけたX_2のいる側へターンさせることが大切だ。ポストプレーヤーが無理にステップスルーしようとすればチャージングになるように，X_2はできるだけオフェンスに接近して胸を使ってプレッシャーをかける。X_2とX_5は，両腕をできるだけ上に伸ばすことによって，ポストプレーヤーの視野を遮るようにする。

この状況で⑤からのパスアウトが成功すれば，X_1は2人のオフェンスをカバーしなければならなくなる。X_1は⑤の視線からパスコースを読んで，スティールをねらったギャンブルをしかけることも可能だ。正しい判断が必要なことは言うまでもないが，スティールはできなくともパスをレシーブした瞬間には，オフェンスの足元まで達していることが大切だ。ダブルダウンをしかけたX_2は，オープンなプレーヤーへローテーションする。X_1とX_2のローテーションにはいずれもすばやいダッシュが必要だ。

ダブルダウンをしかけて積極的にターンオーバーを誘発させたい場合には，前述した逆サイドのポストディフェンダーをダブルダウンに使う方法が効果的だ。長身プレーヤー2人でボールをダブルチームし，残りのすばやい3人がスティールねらいでギャンブルできるからだ。ダブルチームからパスアウトされても，すばやくローテーションできれば，そう簡単にシュートされることはないはずだ。

チームディフェンスのベーシックな一部分としてダブルダウンを指導する場合には，いくつかあるダブルダウンの方法のなかから，例えばウイークサイドダブルダウン（図6-9）など，どれか1つを選択して導入するのがよいだろう。ダブルダウンが適切にでき，パスアウトに対するローテーションが習慣化され，すべてのアウトサイドのショットをチェックできるようになるまで，徹底して練習することが大切だ。ダブルダウンの方法をどれか1つでも完全にマスターできていれば，そのあとに他の方法を導入するのは極めて簡単なことだ。

ダブルダウンをしかけたら，単にローポストの攻撃を防ぐだけでなく，積極的にパスアウトのスティールをねらうようにする。アウトサイドの3人のオフェンスを2人がローテーションでカバーするのが一般的だ。2人はオフェンス3人のギャップにポジショニングし，⑤の視線を読んでスティールをねらうか，もしくはパスコースをふさぐようにする。ダブルダウンをしかけたプレーヤーは，パスアウトされたらすぐにオープンなプレーヤーを見つけることが重要だ。

ローテーションとダブルダウンは，得点力の高いポストプレーヤーをまもるための優れた戦術だ。ローテーションのほうがマンツーマンとして自然な形であり，相手のイージーショットを防ぐことができる。うまくローテーションできればディフェンスのミスもカバーできる。ダブルダウンは，マンツーマンディフェンスを維持しながらも，インサイドで攻撃してくるローポストプレーヤーを阻止したいときに使う戦術だ。

7. ブロックショットとテイクチャージ

この項をローポストディフェンスの最後にもってきたのにはわけがある。コーチにとって最も難しい決断を迫られる問題だからだ。必ずしも最長身のプレーヤーである必要はないが，チーム内にブロックショットの得意なプレーヤーが1人でもいれば，ローポストエリア全体を支配することができ，相手が準備した戦術の大部分をつぶして攻撃の成功率を下げることができ

る。そんなプレーヤーがいれば，ディフェンスを展開する際の自由度も非常に高くなる。レイアップを恐れずにプレッシャーを強め，ディフェンスを広げることができるし，スピードのないプレーヤーでも簡単なショットを打たれずにトラップをしかけることが可能になる。偉大なショットブロッカーは，チームをチャンピオンシップの頂点まで導いてくれるのだ。

しかし，「ブロックショットが得意だ」と自慢するプレーヤーが毎年大勢いるにもかかわらず，残念ながら本物に出会うのはごくまれだ。本物のブロッカーが1人いればいいほうで，1人もいないシーズンのほうが多いかもしれない。ブロックショットをねらいすぎるあまりいつもフェイクにかかって跳ばされ，簡単なイージーレイアップを決められるようなブロッカーになりたがりのプレーヤーは，ディフェンスにとって最悪の存在だ。偉大なショットブロッカーはチームに大きな心理的アドバンテージを与えるが，下手なブロックショットはディフェンスの戦意を喪失させてしまう。

コーチにとって，ブロックショットにチャレンジさせるべきか否かの決断は非常に難しい。ブロックショットは成功すればすべてに優る最高のプレーになるが，逆に失敗すれば最悪のプレーになってしまうからだ。

大多数のプレーヤーにとっては，むしろテイクチャージのほうが現実的な選択肢だろう。身長や運動能力に関係なく，テイクチャージの技術はマスターすることができるからだ。これは難しい技術ではなく，判断力を身につければよい。チャージングがとれれば，ブロックショットと同様にすぐにチームの闘志に火をつけることができる。さらに，チャージングによって，オフェンスはボールの保持を失い，ファウルを加算され，しかもゴールが無効になるという3つの大きなペナルティをこうむることになる。ブロックショットに成功し，そこから速攻のレ

イアップが生まれ，さらにそれをファウルされた場面に匹敵するくらい価値のあるビッグプレーが，テイクチャージだ。

ブロックショットの達人になるためには，正確な技術を身につける必要がある。ボールを豪快にコートの外に叩き出すのが良いブロックではなく，アウトオブバウンズにせずに味方のいる場所にソフトに叩くのが良いブロックなのだ。優秀なブロッカーは，近年増える傾向にあるが，そのようなプレーヤーを持ったチームの多くは，できるだけ決められたエリアにブロックしたボールを落とさせるようにしている。それを味方が待ち受け，速攻につなげる戦術だ。

ブロッカーは必ずサイドライン方向を向き，体がバックボードに対して垂直になるようにする。ドライブからのショットをブロックするには，ベースライン側の手を使う。相手がボールをリリースすると予測されるボードに近い空間に向かってジャンプする（ドリル㉘参照）。こうすることで身体接触やファウルを回避することができる。ブロックできなくても，ミスショットを誘う可能性も高くなる。このようなブロックショットは，ドライブしてくるプレーヤーに対して，長身プレーヤーがローテーションした場合に多く起こる。ブロッカーは，ドリブラーよりも先にジャンプしてはならない。ブロッカーは，逆サイドのビッグブロックとボールマンとを結んだ線上にポジショニングする必要がある。これによって，ドリブラーが自分のマークする相手にパスを通し，フリーのレイアップをさせるのを防ぐのだ。

ダブルローポストで攻撃してくる相手に対しては，ローテーションからのブロックショットを存分に発揮することができる。ブロックショットを食らった相手は，ブロッカーと逆サイドで攻撃する場合には，ブロックショットを食らいやすいペネトレートではなく，ターンアラウンドからのジャンプショットを指向するように

なるだろう。すばやいペネトレートがなくなるということは，逆にブロッカーがウィークサイドからブロックショットに行くローテーションの時間的余裕が増えるということでもある。

前述したように，ブロックショットはほとんどの場合，ローテーションしてきたディフェンダーによっておこなわれる。それに比べ自分のマークする相手のショットをノーファウルでブロックするのは非常に難しい。自分のマークする相手のショットをブロックするためには，ディフェンダーは常にわずかに膝を曲げていなければならない。ブロックするときは，ブロックする腕を空中でできるだけ伸ばす。ジャンプするのは相手が完全に空中に跳び上がってからだ。真っすぐにジャンプし，シューターの手から放たれたあとにボールの下側をティップする。どんなことがあっても手首を動かしてはならない。ボールには指先でさわるだけにし，指，手首，腕を真っすぐに伸ばしておくことが大切だ。指，手首，腕を下に振り下ろす動きをすると必ずファウルを吹かれてしまい，せっかくのトライが無駄になってしまう。

ハーフコートディフェンスでは，ブロックショットでボールをティップする場所を予め決めておくことが重要だ。このエリアはショットが打たれた側のフリースローライン延長線上からベースラインまでの間のスペースとなる場合が多いだろう。ゴール正面からのショットは，フリースローラインにティップする。ティップされるエリアをあらかじめ知っている味方のディフェンダーは，ブロックショットが起こったら自分のマークする相手を離れてボールを追い，速攻に移る。指定されたエリアにティップできなくても，オフェンスよりディフェンスのほうが内側のポジションにいるので，ボールを追うのに有利であることに変わりなはない。

フルコートディフェンスを展開する場合には，ブロッカーをゴールに近いエリアに配置する。ブロックショットという最後の砦があれば，残りの4人のディフェンダーは，トラップ，ドリブルスティール，ディナイでより積極的にギャンブルすることができる。何本かは突破されてアウトナンバーになることもあるだろうが，ブロッカーが対処できるはずだ。バスケットに向かって突進してくる相手の能力を瞬時に見極め，小さなプレーヤーもしくはジャンプショットの下手なプレーヤーにレイアップせるように仕向けるのだ。パスが下手なことが多い背の高いほうのプレーヤーに圧力をかけてラストパスを出させたら，すぐに体をサイドライン方向へ向け，逆サイドのビッグブロックへリターンパスを通されないようにする。腕は床と平行に伸ばし，パスを遮るようにし，小さいほうのプレーヤーがレイアップするバックボードの一点めがけてブロックショットにチャレンジする。

もう1つの選択肢であるテイクチャージには，適切な判断力が要求される。チャージングが成立するためには，オフェンスが空中に跳び上がる前にディフェンダーの両足が床に接地していること，オフェンスを体幹部で受けること，手が体よりも上がっていること，もしくは衝撃を防ぐために体の前で組まれていることが必要だ。ぶつかったときに体をひねってはならない。ディフェンダーがジャンプしてもチャージングはとれるが，オフェンスに向かったジャンプではなく，真上へのジャンプでなければならない。

➡ ドリル

ドリル㉘とドリル㉙を使って，ブロックショットかテイクチャージかの判断力を養うことができる。How，Whyをマスターしたら，Whenを身につけるドリル⓭（ポストプレー完成ドリル）に進む。

2. ハイポストディフェンスに必要な3つの技術

　ハイポストをフロントでまもるのは自殺行為だ。ロブパスを通されて簡単にレイアップやダンクをされてしまうからだ。ハイポストは、スリークォーターかビハインドのどちらかでまもるべきだろう。したがって、ハイポストにボールを簡単に入れさせないためには、ペリメターからのヘルプが必要不可欠になる。

　ハイポストをまもるためには、相手のシュート力、ドリブル突破力、左右の癖などの特徴を頭に入れておく必要がある。相手のチームオフェンスの傾向も参考になるだろう。ハイ・ロープレーを多用するか、UCLAカットから逆サイドでのピンニングを使うか、ローポストを使った攻撃を多用するか、それともハイポストプレーヤーに1対1をさせるのか、あるいはパスの優先順位の1番めにハイポストへのパスを選択するかなどの予備知識は、ハイポストディフェンスを組み立てる際の貴重な判断材料になる。

　ハイポストからの攻撃には、(1)右へのドライブ、(2)左へのドライブ、(3)ジャンプショットの3つの選択肢しかない。ハイポストを効果的にまもるためには、(1)サギング*46でハイ・ローをまもる、(2)フリーフットにオーバープレーする（ピボットフット側へのドライブに限定させる）、(3)プレッシャーをかけてからサギング（ジャンプショットは打たせてもよいが、左右へのドライブはさせない）の3つのディフェンス技術をマスターすることが大切だ。

1. サギングでハイ・ローをまもる

　これは、ローポストディフェンスの項で述べたように、効果的なハイ・ローオフェンスをさせないための技術だ。ローポストをビハインドでまもり、ハイポストのディフェンダーが下がってローポストの前に立つ。ジャンプショットの下手なハイポストプレーヤーにジャンプショットを打たせるかわりに、ドライブとローポストへのパスだけは絶対に阻止しようという戦術だ。

2. フリーフットにオーバープレーする

　これは、得点力にずば抜けたハイポストプレーヤーに対抗する技術だ。左右へのドライブに加えてジャンプショットも兼ね備えたプレーヤーを、ハイポストで好きなようにプレーさせてはゲームを失ってしまう。

　普通にまもれば当然攻撃側が有利になるので、プレーを限定させる工夫が必要になる。フリーフットにオーバープレーする方法は、相手の選択肢をピボットフット側へのドライブ1つに限

図6-10　フリーフットにオーバープレーする

---

*46. **サギング**：アウトサイドやハイポストのディフェンダーが、自分のマークする相手から離れてゴールに近いエリアへ大きく寄ったヘルプポジションをとること。

定するものだ。

図6-10に，オーバープレーのスタンスを示した。オフェンスのピボットフットは左足だ。ディフェンダーは，右足をオフェンスのピボットフットのすぐ左に置き，オフェンスの体にできるだけ接近する。オフェンスの右足よりもディフェンダーの左足のほうが外側になるようにスタンスを広げる。オフェンスの懐に入るようなイメージだ。接近することによってジャンプショットの可能性を消し，左足がオフェンスのフリーフット側へのドライブを抑える。無理にオフェンスがダイレクトドライブをしかければチャージングだが，間合いが中途半端に空いてしまうと，簡単にクロスオーバードライブをしかけられてしまう（P.41参照）。

この状態では，オフェンスはリバースピボットするしかない。リバースピボットからのドライブは，他の動きと比べて最も遅いプレーであり，プレーが遅くなればそれだけ味方がヘルプする時間も稼ぐことができる。リバースピボットはゆっくりとした動きであるため，ディフェンダーは右足をドロップステップするだけでこの方向へのドライブを止める準備ができる。必要ならば，ダブルチームを使うことも可能だ。ディフェンダーのフリーフットに接近させているため，オフェンスは簡単にクロスオーバーステップを踏むこともできないはずだ。ハイポストのオフェンスは圧力に屈して，最も楽な選択肢であるパスを選択することが多くなるだろう。ドライブを選択したとしても，リバースピボットを踏んでからピボットフット側へドライブするという最も遅い動きの攻撃にしかならない。

3. プレッシャーをかけてからサギング

これは，オフェンスのドライブをケアして，1〜2歩下がってまもる技術だ。ジャンプショットの得意なハイポストプレーヤーには使えないが，ショットが下手でドライブを多用する相手には有効な選択肢になる。

➡ ドリル

第6章までに紹介したオフェンスとディフェンスのドリルでは，ローポストとハイポストのディフェンダーは，ブロックショットに跳ぶかチャージングをとるか，ローテーションするかダブルダウンするか，フロントでまもるかビハインドでまもるか，それともスリークォーターでまもるかなどの判断を常におこなっている。第2章で紹介したドリル⓭（「ポストプレー完成ドリル」）は，これらの判断力をさらに高めることができる効果的なドリルだ。

第6章までに解説してきたオフェンス戦術とディフェンス戦術の両面から，ポストプレー完成ドリルを見直してみよう。練習は，基本を向上させるために1つの課題に焦点を当てたシンプルなドリルからスタートし，2〜3の基本を同時に向上させるドリルへと進み，最後にすべての要素を含んだ完成ドリルへと発展させるのが効果的だ。ドリル⓭のなかで修正が必要な基本が何か1つでも見つかった場合には，その基本ドリルまで戻るか，もしくは複数のねらいを持ったドリルに戻り，そのなかで1つの課題に焦点を与えるなどの工夫が必要だ。課題が解決されたらまたドリル⓭へ戻る。

ハイポストとローポストの発展段階のプレーへ進む前に，ドリル⓭のオプションをP.107で紹介する。

➡ まとめ

ポストエリアでの戦いの勝者だけがゲームの勝者になれるということを肝に銘じてほしい。

本書のなかに書かれていないものがあるとすれば，それは「やる気」だ。本のなかでやる気について書けるものなら書きたいものだが，本書をここまで読み進み，大切なことを理解してくれた読者は，すでにやる気が高まっているに違いない。

ドリル（DRILL ㉓〜㉙）

DRILL ㉓
ポスト1対1 ドリル
One-on-One, Bull-in-Ring Drill

目的

★⑤はペリメターからボールを受けるために適切なポジションをとり、ボールを受けたら攻撃をしかける。
★X_5はインサイドへのパスを阻止する（ロブパスを禁止してバウンスパスだけにするなど、オフェンス側が使うパスに制限を加えてもよい）。
★オフェンス、およびディフェンスリバウンド。
★ピンニングを使ったオフェンスのポジショニング。

手順

1．①がハーフラインからボールを運んでくるところから始める。この間に、⑤とX_5はフロアポジションとボディポジションを争う。
2．①は②、③、④、⑥のいずれにパスしてもよい。ボールが空中にある間に、⑤とX_5はポジション争いをする。①はファーストパスを出す前に、⑤とX_5のポジションを観察する。
3．①、②、③、④、⑥は常にインサイドへのパスをねらう。X_5が⑤をどのようにまもっているかを観察し、オープンな側へパスを出す。パスが入ったら、⑤とX_5はオフェンス、ディフェンスそれぞれのテクニックを駆使して1対1をおこなう。ショットがおこなわれれば、⑤とX_5はリバウンドを争う。
4．ディフェンダーがリバウンドを取った場合には、マネージャにボールをトスする。マネージャはボールを①に送る。オフェンス側がリバウンドを取った場合には、ポンプフェイクからのセカンドショットで得点する。ショットが成功した場合には、ボールをマネージャにティップし、マネージャは①にパスしてドリルを続ける。マネージャが①へパスする間に、⑤とX_5はポジションを争う。
5．2分間続けたら、⑤とX_5の役割を入れ替える。X_5が⑤の攻撃を2回止めたら交代、あるいは2回連続して止めたら交代などのルールでおこなってもよい。

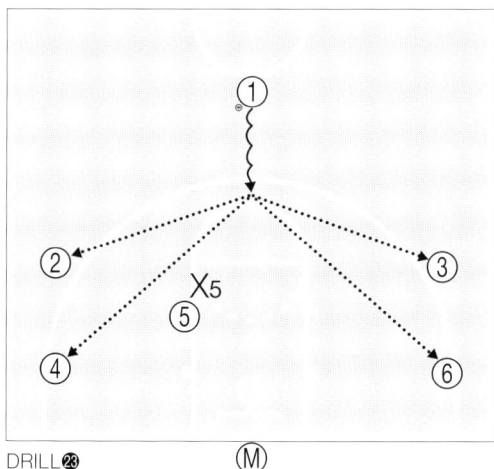

DRILL ㉔
ポスト1対2 ドリル
Exaggerated One-on-Two, Bull-in-Ring Drill

目的

★ローポストでのパッシングと⑤のオフェンス練習。
★X_5のディフェンスの改善。
★X_4のダブルダウンの改善。
★オフェンスリバウンド、およびディフェンスリバウンド。
★ペリメターはディフェンスのいない側にパスする（パスはディフェンダーのいない側に送るという共通理解でプレーするため、⑤はパスを受けた側からムーブをしかける。P.110〜「第7章 ポストスコアリングセオリー」参照）。

手順

1．ドリル㉓と同様におこなうが、⑤にダブルチームをしかけるX_4を加える。
2．⑤はオープンになるために、よりすばやく、より激しく足を動かす。⑤はボールを受けたら、2人のディフェンスを相手に得点するために、すばやくムーブをしかける。
3．ドリルの継続方法は2通り。1つは、⑤がパスアウトしてショットがおこなわれた場合に、⑤とX_4、X_5がリバウンド争いをする方法。もう1つは、X_4がパスのレシーバーへローテーションしてカバーする方法だ。インサイドにパスが入った場合には、X_4はダブルダウンをしかける。ダブルダウンされた⑤は、パスアウトしてもよいし、ショットにもち込んでもよい。

ールを*47でボールサイドへ移動する。

3．⑤は，②から①へのパスに合わせてX₅に対してウィークサイドピンニングをしかけることができる。あるいは，②からのロブパスをねらうこともできる。まずは②へのフラッシュから始め，次のムーブを加えていく。

4．X₅は，⑤が②に対して直線的にフラッシュできないようにする。ボディチェックされた⑤は②の側のビッグブロックへカットし，ポストアップをねらう。

5．②から①へパスを返したら，コート逆側から同様のオプション（ウィークサイドピンニング，ストロングサイドポストアップ，ロブパス，ボールへのフラッシュ）をおこなう。

6．⑤がハイポストへフラッシュする場合には，X₅は⑤をローポスト側へカットするように仕向ける。⑤が制限区域を横切ってローポストへカットする場合には，X₅は⑤とボールの間にポジショニングする。常にX₅は⑤をボールから遠ざけるようにカットさせることが重要だ。そのために，X₅はボールへフラッシュする⑤をボディチェックする。ボディチェックするために⑤の正面にポジショニングすることもある。⑤が無理にカットすればチャージングを誘発できる。オフェンス側は，第2章で紹介したステップを駆使して，オープンになるようにする。

DRILL ㉘
ブロックショット＆テイクチャージ ドリル
To Block or to Draw the Charge Drill

目的
★ブロックショットとテイクチャージの習得。
★①と②は2対1を攻めきる。
★②のパワーレイアップ。
★①のペネトレート。
★⑤は遅れずにまもる練習（①が②へパスを通した場合には，②をリカバリーする）。

手順
1．①は制限区域の逆側へボールを転がし，それを追いかける。ボールが制限区域の外に出るまでボールに触ってはならない。

2．①の手からボールが離れたら，X₅はまず逆側のビッグブロックにタッチし，次に1つ上のマークへタッチする。

3．①はボールを拾ったらすぐに，ゴールに向かってドライブする。①は②へパスしてもよいし，自分でそのままドライブしてもよい。

4．①がドライブを始めたら，②はコートに入る。

5．X₅は制限区域内に入ってゴールに向かい，チャージングをとるかブロックショットをねらう。①が②へパスした場合には，すぐに②をリカバーする。

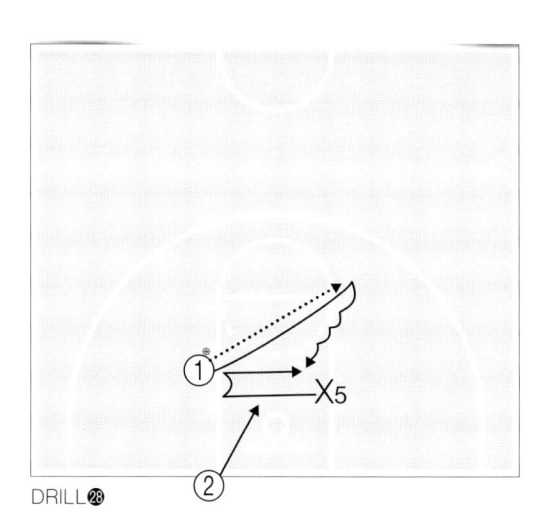

DRILL ㉘

＊47．ジャンプトゥーザボール：ディフェンダーがパスやドリブルによるボールの移動に応じて，瞬間的に2～3歩ボール方向へポジション移動すること。

DRILL ㉙
クイックブロックショット ドリル
Quick Shot Blocking Drill

目的

★オフェンスのパワームーブとクイックショット。
★X_5のブロックショットかテイクチャージ。

手順

1. コーチは①, ②, ③のいずれかにボールをトス。
2. ①, ②, ③はボールを受けたらジャンプショットかパワーレイアップをねらう。
3. X_5は即座に反応してブロックショットをねらう。オフェンスがパワーレイアップに来た場合には, チャージングをねらう。

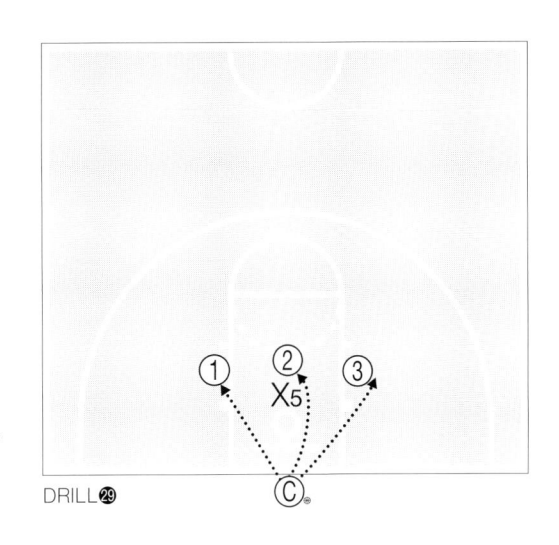

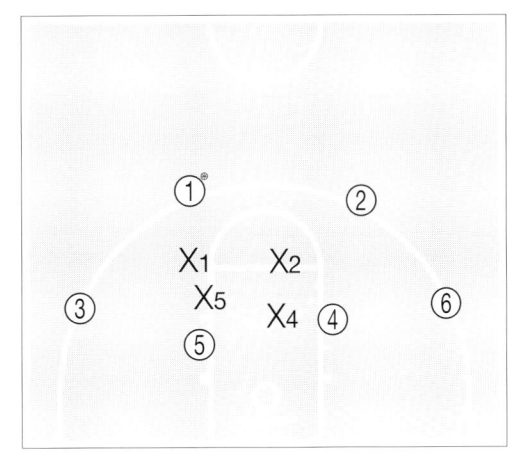

DRILL㉙

DRILL ⓭（オプション）
ローポスト完成ドリル
Complete Low-Post Drill

オフェンス

1. ①と③がパスを入れて⑤がポストムーブをしかける。
2. ④がピンニングを使う。
3. ⑤が④にスクリーンをセット。⑤はボールにロールバックするかウイークサイドに留まる。
4. ⑤がペネトレートし, X_4がローテーションしたら④へパスを通す。
5. ④がボールにフラッシュする。
6. ⑤がダブルダウに対応する（ストロングサイドとウイークサイド）。
7. ペリメターのプレーヤーのショットに対して④と⑤がオフェンスリバウンドを競う。
8. ④がハイポストでボールを受けて⑤とハイ・ローをしかける。
9. ⑤が体を使ってポジションをとる。

ディフェンス

1. X_4がヘルプサイドディフェンスをおこなう。
2. X_5がフロント, ビハインド, スリークォーターのいずれかでまもる。
3. X_4がハイポストへのフラッシュをまもる。
4. X_5がペリメターのディフェンダーとダブルダウンをしかける。
5. X_4がローテーションする。
6. ショットが起こればX_4とX_5がディフェンスリバウンドを競う。
7. X_5のフロントに対しておこなわれたロブパスをX_4がヘルプする。
8. X_4とX_5は常にブロックショットに跳ぶかチャージングをとるかの判断をする。
9. ポストがパスアウトしたら, X_4とX_5はリカバリーする。

DRILL⓭（オプション）

第7章 ポストプレーを発展させる

Advanced High- and Low-Post Play

第1章から第6章にわたり、ポストプレーについての一通りのノウハウを提示してきた。ここまでの内容を完全にマスターできれば、チャンピオンシップレベルで十分にプレーできるはずだ。

しかし、基本的なプレーを卒業してさらにハイレベルなプレーを目指したいプレーヤーやチームのために、本章ではさらに1ランク上の上級テクニックを紹介する。また、ポストプレーで得点するためのセオリーについても述べる。

1……ポストスコアリングセオリー

第2章で紹介した各ムーブを繰り返し練習し、自在に使いこなせるようになったら、次は明確なスコアリングセオリー、すなわち各ムーブをどんな優先順位でしかけていくかに関する理論を構築することが重要になる。ポストプレーに関しては数多くのスコアリングセオリーがあるが、最も基本的なものは、『常にベースライン側へ攻撃をしかける』というベースラインセオリーだ。しかし、機転の利くディフェンダーならすぐにセオリーを見抜いてベースライン側からオーバープレーしてくるため、ベースラインセオリーはすぐに通用しなくなってしまう。次に多く用いられるのは、『常にシューティングハンドと逆側の足をピボットフットにする』というパワーレッグセオリーだ。パワーレッグとは、シューティングハンドと逆側の足のことであり、右利きであれば左足がパワーレッグになる。このセオリーについても、ディフェンダーに見抜かれればすぐに抑えられてしまうだろう。私が本書で紹介したいのは、パスディレクションセオリーというものだが、その説明に移る前に、前述した2つのセオリーについて少し詳しく説明してみたい。

1. ベースラインセオリー

「常にベースライン側へドライブをしかける」というセオリーは、ベースライン側にはディフェンダーが少ないという考えが根拠となっている。考え方としては間違っていないが、他のムーブの判断もせずに、常にベースライン側へドライブをしかけるのは、ディフェンダーを助けることにもなりかねない。例えば、判断なしにオフェンスプレーヤーが1ドリブルした瞬間にポストのディフェンダーがビハインドからまもってベースラインドライブを封じ、ペリメターのディフェンダーがダブルダウンをしかければ、得点できる可能性はなくなってしまう。

また、ベースライン側へのドライブには、ドリブルが止められたときのシュート角度が悪くなるというデメリットもある。さらに、バックボードよりも裏側のスペースへ押し込まれてしまうと、パスを出すのが難しくなるばかりでなく、このエリアでダブルチームをしかけられたら完全に逃げ場を失ってしまう。

最初にベースライン側へターンするということは、味方の位置を確認しづらくなるということでもあり、当然ターンオーバーの危険性も大きくなる。

2. パワーレッグセオリー

「ポストプレーヤーは常にパワーレッグをピボットフットにすべきだ」と考えるコーチは多い。ゴールに向かって力強くプレーすることができ、ショットのバランスが良くなり、力強くディフェンダーをコントロールできるという考え方がその根拠だ。確かに、論理上は魅力的な

セオリーに思える。ピボットフットは同じだけれども，攻撃するサイドによってターンの方向が変わり，常に同じ足をピボットフットにするのであれば，その分指導もシンプルになるからだ。さらに，パワーレッグをピボットフットにするほうが，フックショット，ジャンプショット，スピードショットなどを利き手で打つことができるため，ショットの成功率も高くなる。しかし，ディフェンダーがこの方法に気づけば，苦手な側へ追い込まれ，セオリーの利点を封じられてしまうというのが最大の欠点といえる。

3. パスディレクションセオリー

最も優れたポストスコアリングセオリーは，パスディレクションセオリーだ。正確に実行すれば，相手はまもることができない。

このセオリーを採用するためには，まずパッサーに対して『パスはポストプレーヤーに向かってではなく，まもっているディフェンダーと逆側の空間へ投げる』ということを指導しなければならない。パスは，フロントに対してはオーバーヘッドのロブパス，ビハインドに対してはフリップパス，スリークォーターに対してはバウンスパスかフリップパスだ。しかし，パッサーがヘルプディフェンスの有無を確認せずに，ポストプレーヤーとディフェンダーとの関係だけでパスするようでは，このセオリーは効果的に機能しない（P.25「STEP-3. パスを受ける」参照）。本当に，ターゲットハンド方向のエリアがオープンなのかどうかを判断するのはパッサーの役割だ。パスを通してもヘルプディフェンダーに捕まりそうな場合には，パスを止める決断をしなければならない。

オフェンスのねらいは常にゴールを攻撃することにある。パスディレクションセオリーに則ってプレーすれば，オフェンスは常にゴールへ向かって攻撃をしかけることが可能になる。

スリークォーターでまもられた場合を例に考えてみる。ボールをレシーブしたポストプレーヤーは，すぐにパス方向へドロップステップを踏んでゴールへ向かう。この場合，ハイポストからであってもドリブルは1回で十分だ。コースを遮るカットオフショルダーが視野に入るまでは（ウィークサイドからローテーションしてきたディフェンダーの肩がカットオフショルダーになることがある。この場合，自分をマークしているディフェンダーがいる方向とは逆側から視野に入ってくることになる），ゴールへ向かって攻撃すること。ファウルをもらうことができれば，3ポイントプレーが成立する可能性も出てくる。カットオフショルダーが視野に入った場合には，ストップしてポンプフェイクを入れてからシュートするのがベストだ。そうでなければ，ストップしてパスアウトするか，他のムーブを選択すること。そのままゴールへ向かうプレーを続ければチャージングのファウルになる。ディフェンダーをかわすスピンか，あるいはディフェンダーのバランスを崩すハーフスピンを選択するのがよいだろう。

ディフェンダーがフロントでまもってきた場合は，ロブパスを通してレイアップにもち込める。味方のプレーヤーは自動的にゴールエリアをクリアしてスペースを広げ，ロブパスを通せばよい。この場合でも，オフェンスはセオリー通りパスの方向へ攻撃することになる。フロントされたポストプレーヤー自身も，ロブパスの方向をボールマンに合図してターゲットを示すことが大切だ。

また，ディフェンダーがビハインドでまもってきた場合は，ピボットからのターンアラウンドジャンプショットか，もしくはフェイスアップムーブをしかけること（P.29「STEP-4. ムーブをしかける」参照）。フェイスアップムーブによって，ハイポストやローポストからジャンプショットを打ったり，ポンプフェイクをし

かけたりすることが可能になる（ハイポストからはロッカーステップをしかけることもできる）。カウンタープレーとしては，ダイレクトドライブやクロスオーバードライブを選択することになる。ここでも，カットオフショルダーが視野に入るまで攻撃し，カットオフショルダーが視野に入ったら，他のムーブへ移行する。

ディフェンスのポジションにかかわらず，パスディレクションセオリーに則ってプレーすれば，ハイポストからでもローポストからでも効果的に攻撃できる。唯一問題があるとすれば，それはポストプレーヤーがあらゆる方向への攻撃をマスターしなければならないことだ。右手でも左手でもシュートできなければ，このセオリーに則ってプレーすることはできない。したがって，このセオリーを導入した初期段階では，ショットの成功率が低下するかもしれない。しかし，最終段階では完璧なプレーヤーへと成長を遂げているはずだ。チャンピオンシップを争う時期には，必ずやチームに勝利をもたらすことになるだろう。プレーヤーはとにかく，常にパスを受けた手の側から攻撃をしかける練習を積むことだ。

2……上級テクニック

1. 上級ムーブ

バスケットボールには多数の上級ムーブがあるが，紙面に限りがあり，すべてのムーブを紹介することはできない。ここでは，多くのプレーヤーが最初に身につける5つのムーブを選んで解説する。これらは，第2章で紹介した2つの基本ムーブや4つの初級ムーブと自由に組み合わせて使うことができる上級ムーブだ。

❶——アップ＆アンダー

アップ＆アンダーは，第2章で紹介したムーブと非常に相性が良いムーブであり，初級ムーブに含まれるという考え方もある。クロスオーバーやステップスルーと似たムーブで，2つの基本ムーブと4つの初級ムーブのあとにはいつでも組み入れることができる。初級ムーブのステップスルー（クロスオーバー）はムーブの最初，すなわちフェイスアップから攻撃をしかける際に使うのに対して，アップ＆アンダーはムーブの最後，通常はポンプフェイクのあとに使う場合が多い。アップ＆アンダーは，4つの初級ムーブ習得後，最初にマスターすべきムーブだ（図7-1）。

オフェンスがムーブの最後でジャンプストップしたときに，ディフェンダーが完璧なポジションをとっていたとする。アップ＆アンダーができないプレーヤーには，ペリメターに安全にパスを返すというオプションしかない。しかし，アップ＆アンダーができるプレーヤーには，両腕を大きく上に「アップ」し，頭と肩も使ったポンプフェイクをしかけ，ディフェンダーが跳び上がったら状況を判断し，クロスオーバーステップかダイレクトステップでディフェンダーの「アンダー」をくぐり抜けてシュートするというオプションが可能になる。ディフェンダーをかわしてステップする際に，フリーフットが床に着く前にピボットフットが床から離れる，いわゆるジャンプの動きになったらトラベリングだ。

＊48．ストレートドリブル：通常の真っすぐ向いてディフェンスを突破するドリブルを指す。これに対して横を向いて相手を伺いながらのドリブルがスライドステップドリブルになる。　＊49．ステップバック：日本でステップバックという場合には，片足で床を蹴ってジャンプし，ディフェンスから離れる動きをさす場合が多いが，本書ではフリーフットを動かしてディフェンスから離れる動き（日本では引き足と表現することもある動き）もステップバックに含めている。

通常，アップ&アンダーは指先をうまく使った巧みなレイアップになるが，打点はパワーレイアップよりも低くなる。パワーレイアップではジャンプする前に両足を体の下に揃える動作が入るが，アップ&アンダーではステップして足を踏み込んでからジャンプする形になる。

　もちろんアップ&アンダーは，ムーブの最後だけでなく最初にしかけることもできる。パスキャッチ→ターンアラウンド→ポンプフェイク→アップ&アンダーという流れだ。この場合にはドリブルを使わないでシュートするプレーになる。ドリブルを使うとすれば，ピボットフットが床から離れる前にボールを手から離さなければならないため，アップ&アンダーでシュートせず，トラベリングしないようにドリブルに移行すると，それは基本ムーブのステップスルー（クロスオーバー）になる。ドリブルのあとには（ドリブルは1回だけ。スライドステップドリブルではなくストレートドリブル*48の場合），両足を使ったパワーレイアップにもち込むことができる。ヘルプのディフェンダーに止められた場合には，ジャンプストップからポンプフェイクを入れ，あとで紹介するディップショット，フックショット，スピードショットだけでなく，第2章で紹介したあらゆるムーブが活用可能だ。本章の最初にアップ&アンダーを紹介した理由はここにある。

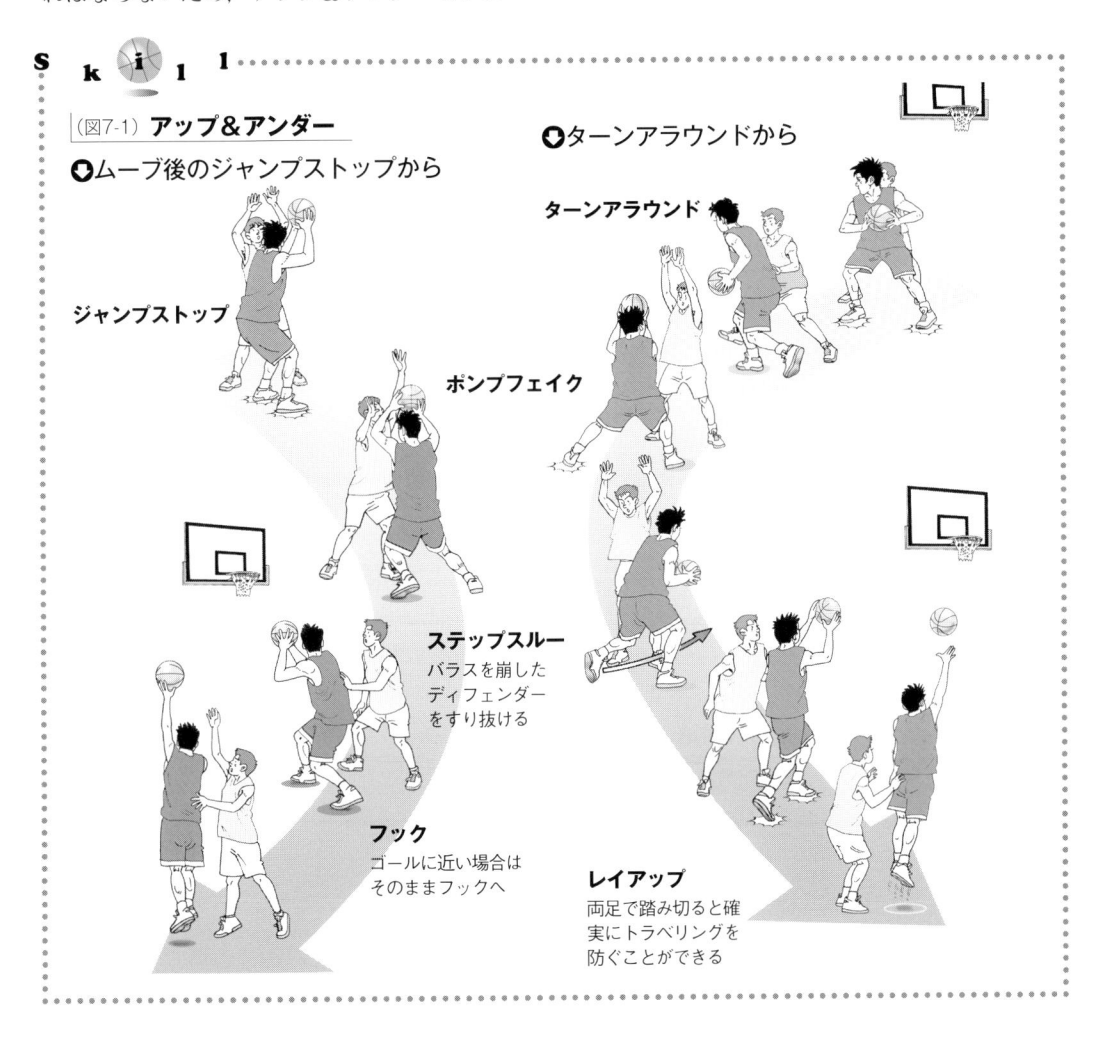

skill

(図7-1) アップ&アンダー

● ムーブ後のジャンプストップから

ジャンプストップ
ポンプフェイク

● ターンアラウンドから

ターンアラウンド

ステップスルー
バランスを崩したディフェンダーをすり抜ける

フック
ゴールに近い場合はそのままフックへ

レイアップ
両足で踏み切ると確実にトラベリングを防ぐことができる

❷──ステップバック*49

　ステップバックは，フェイスアップのあと，スピンやハーフスピンのあと，あるいは他のムーブのあとに使うムーブだ。単に1歩（片足または両足で）ステップバックするだけの動きだが，ディフェンダーとの間にスペースが生まれた瞬間に，すかさずジャンプショットを打つことができる。ステップバックに対してディフェンダーが急に間合いをつめてくれば，アップ＆アンダーや第2章で紹介したムーブを使うことができる。ステップバックは，クロスオーバーやダイレクトドライブのあとに使うのがとくに効果的だ。ステップバックはシンプルな動きだが，見た目ほど簡単なムーブではないので，マスターするには長い時間をかけて練習すること。

　ステップバックからジャンプショットのカウンタープレーは，アップ＆アンダーだ。ドリブルを使ったステップバックなら，ディフェンダーからさらに大きく離れることができる。ステップバックは，プレーヤー次第でより複雑に，あるいはより高度に発展させることができる。第2章で紹介した2つの基本ムーブや4つの初級ムーブのどの局面でも違和感なく置き換えることができるムーブだ。

　ステップバックを使ったプレーの例をいくつかあげてみる。まずは，ターンアラウンドでフェイスアップポジションをとり，すかさずフリーフットをステップバックさせ，ディフェンダーとの間に1m程度のスペースを作ってジャンプショットを打つというのがいちばんシンプルで簡単な使い方だ（図7-2）。

　次に，ターンアラウンドでフェイスアップしたあとにドリブルを使ったステップバックでディフェンダーから大きく離れ，ジャンプショットを防ぐために間合いをつめてきたディフェンダーにポンプフェイクをしかけてからアップ＆アンダーにつなげるという使い方も考えられる（図7-3）。この流れでは，ドリブルのタイミングとドリブル後のストップが鍵になる。ドリブルの突き出しでは，ピボットフットが床から離れる前にボールを手から離さなければトラベリングになるので，タイミングを何度も反復練習することが大切だ。ドリブルのあとストップでは，両足をピボットフットに使えるようにするためにジャンプストップを用いるのがポイントだ。これができれば，ディフェンダーの位置に応じてどちらの足を使っても踏み込むことができるようになる。

　さらに，ドロップステップをしかけたあとにディフェンダーのカットオフショルダーが見えた時点ですかさずスピンに移行し，スピンの終わりにステップバックしてジャンプショットを打つという少し複雑なムーブの組み合わせも可能だ（図7-4）。

　創造力を働かせれば，ハイポストやローポストからの多彩なムーブの組み合わせが可能になる。プレーヤー（あるいはコーチ）は，体力的特性，精神的特性，経験に合ったムーブの組み合わせを1つか2つ作り上げるのがよいだろう。

❸──ジャンプストップ

　ジャンプストップは極めて難易度の高いムーブだ。これをマスターすれば，止めることができないと言っても過言ではない。図7-5に，ハイポストからのクロスオーバードライブでジャンプストップを使った場面を示した。ジャンプストップは，ドロップステップ，スピン，ハーフスピン，フェイスアップ，あるいはアップ＆アンダーでドリブルに移行してからもおこなうことができる。いずれにしても，ドリブルからジャンプするが，空中にいる間に確実にドリブルをキャッチすることが鍵だ。

　図7-5は，ハイポストの⑤が右側にドライブをしかけ，ヘルプディフェンダーが見えた瞬間に左横へジャンプした場面だ。まずはジャンプしようとする反対側（ここでは右側）へしっかり

skill

(図7-2) ステップバック

ターンアラウンド
フェイスアップ

ステップバック
フリーフットを引く

ジャンプショット
ディフェンダーから離れながらフェイドアウェイ気味に打つ

(図7-3) ドリブルからステップバック

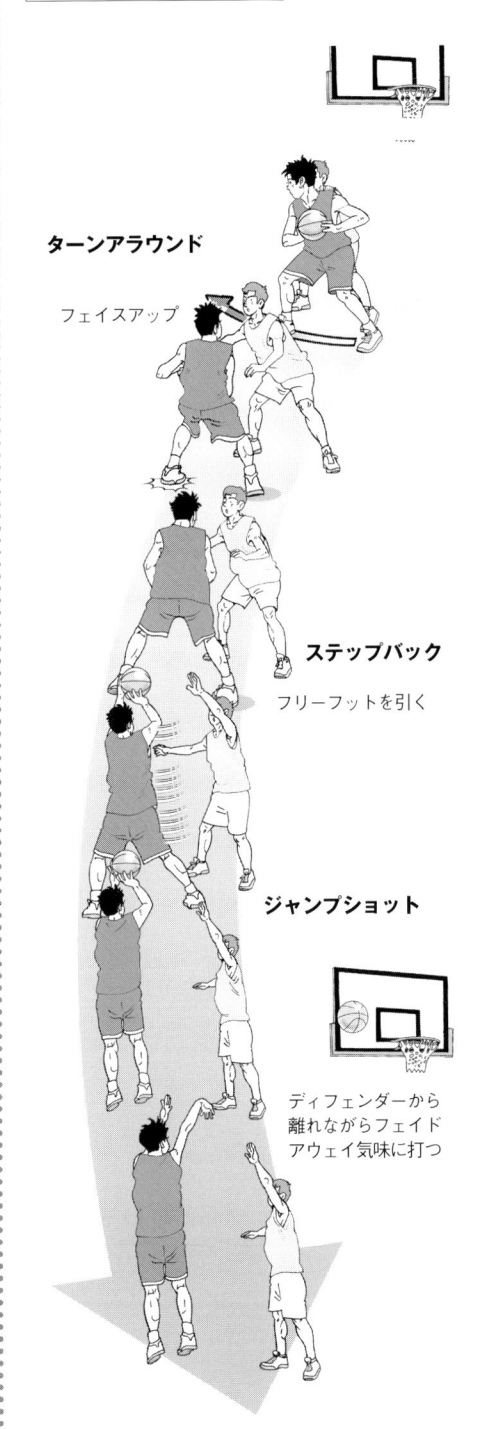

ターンアラウンド
フェイスアップ

ステップバック
フリーフットを引きながら1ドリブルを使って大きく離れる

ポンプフェイク
間合いを詰めてきたディフェンダーにジャンプストップからポンプフェイク

アップ&アンダー

レイアップ

2. 上級テクニック

skill

(図7-4) スピンからステップバック

スピン

一気にターンしてストライドストップ

ステップバック

フリーフットを引く

ジャンプショット

ディフェンダーから離れながらフェイドアウェイ気味に打つ

(図7-5) ジャンプストップ

ドライブ

ハイポストからストレードドリブル

ヘルプ！

左足でジャンプして空中でボールをキャッチしながらターン（体を180度入れ替える）

ジャンプストップ

フロントピボットでレイアップへ

ジャンプストップ

と踏み込み，ディフェンダーに「右を破るぞ！」と見せかけておいてから，次の足が床についた瞬間にすかさず逆側（ここでは左側）へジャンプを始める。ボールを両手でキャッチするのは，あくまで両足が床から離れてからだ。着地はジャンプストップを使い，すぐにジャンプショット，ポンプフェイクからショット，あるいはポンプフェイクからアップ＆アンダー，スピン，ハーフスピンなどのオプションへ移行できる。ジャンプストップで両足着地すれば，両足をピボットフットにできるので，ストップ後のムーブを両側へしかけることができる。ステップスルーでシュートする場合でも，両側へ1歩半はトラベリングせずに踏み込むことができる。

❹──ウェッジ

ウェッジ（wedge：V字形のくさびの意味）のためには，味方プレーヤーがコートの片側をクリアアウトする必要がある（ペリメターのプレーヤーがスリーポイントショットの名手ならばクリアする必要はない）。このムーブは，通常のポストアップの位置よりも遠い位置（ショートコーナーなど）でボールを受けた場合にもしかけることができる。ハイポストやローポストの外側からも可能だ。

パスを受けたら，味方プレーヤーがコートの片側をクリアアウトするのを待つ。プレーするスペースができたら，リバースピボットでフェイスアップする。リバースピボットはオフェンスがゴールへ近づくような錯覚をディフェンダーに与えるので，ジャンプショットが打ちやすくなる。ポストプレーヤーは，ピボットしたらボールをフリーフットと逆側の腰に構え，両手で保持する。肘を張り，腕でV字を作ってボールを保護する（図7-6）。

この姿勢から，ジャンプショット，ポンプフェイク，ダイレクトドライブ，クロスオーバードライブ，あるいはドリブルからのステップバ

Skill

（図7-6）**ウェッジの基本姿勢**

リバースピボット

フェイスアップ
フリーフットは斜め前方向へ出す
ボールはピボットフット側へ置く

ポンプフェイク

ジャンプショット

ステップスルー（クロスオーバー）

ックなどのオプションが可能だ。コートの片側がクリアされている状態でヘルプディフェンダーがいないので，オプションをしかけるまでに，2ないし3回のドリブルをつくことができる。ウェッジは，ディフェンダーに完璧なポジションをとられていると判断した場合にだけ使うムーブだ。すぐにショットが打てないディフェンスをされても，ウェッジを使えばスピン，ハーフスピン，ディップショット，スピードショット，フックショットあるいはジャンプショットが可能になる。ドリブルの終わりにジャンプショットを選択した場合には，さらにそこからスピン，ハーフスピン，ポンプフェイク，アップ＆アンダー，ステップバック，あるいは他のコンビネーションへ移行できる。

❺──パワースライド

　パワースライドは，ウェッジムーブ同様，コートの片側をクリアすることから始まる。ハイポストやローポストの外側からでも可能だ。パスを受けたら，味方プレーヤーがコートの片側をクリアアウトするのを待つ。スペースができたら肩越しにディフェンダーを確認し，ミドルライン側（あるいはベースライン側）へスライドステップドリブルを開始する（図7-7）。ディフェンダーがオーバープレーしてこなければ，ゴールまで進み，ディップショット，スピードショット（P.120参照）あるいはフックレインにもち込むか，あるいはジャンプストップからポンプフェイクを入れるか，第2章で紹介した2つの基本ムーブや4つの初級ムーブへ移行する。ディフェンダーがスライドステップドリブルに対してオーバープレーしてくれば，その瞬間にすかさずドリブルをいかしたままベースライン側へドロップステップし，パワーレイアップができる位置までパワースライドを続ける。
　ベースライン側へパワースライドをしかけた場合には，これと対称的なムーブになる。止め

Skill

（図7-7）**パワースライド**

肩越しにディフェンダーの位置を確認

パワースライド

ディフェンダーの圧力に負けないように力強くスライドステップドリブル

フック

られるまではベースライン側へのパワースライドを続け，ドロップステップを踏めばゴールの正面に出るはずだ。この位置では，フックレイン，ディップショット，スピードショット，あるいはポンプフェイクや第2章と本章で紹介したムーブからのジャンプショットなどが可能だ。

　パワースライドを効果的に使うためには，筋力アップが必要不可欠だ。技術的なうまさも必要な要素だが，それだけではディフェンダーとぶつかり合ったときに押し出されてしまい，ゴールへ近づくことができないだろう。パワースライドを使うパワフルなプレーはディフェンダーを圧倒し，ファウルをもらった3ポイントプレーになる可能性が高い。

2. 上級ショット

　第2章では，ポストプレーヤーが必要とする基本的なショット（フックレイン，ジャンプショット，パワーレイアップ）を紹介したが，本章では，さらに3つの上級ショットを紹介する。これらは，上級ムーブと同じように第2章や本章で紹介したあらゆるムーブの終わりに使うことができる。すべてが置き換え可能であり，相性が良いのだ。

❶──フックショット

　すべてのポストプレーヤーがフックショットを打てるのが理想であるが，最近のプレーヤーの多くはこれを身につけていない。フックショットを指導しないコーチも多い。完璧にこなすには難しすぎるため，身につけるのに時間がかかるわりに効果が少ないと考えるからだ。したがって，かつては基本ショットと考えていたフックショットも，現在では上級ショットになってしまった（図7-8）。フックショットは，フェイスアップやドロップステップなど，各ムーブの終わりに使うことができる。スピン，ハー

Skill

(図7-8) **フックショット**

フロントピボットで
ゴールに対して半身
の構へ

シューティングハン
ドは体から離して真
っすぐに伸ばす

逆側の手はディ
フェンダーをプ
ロテクト

150°

両足で踏み
切る

着地ではゴールに正対する

フスピン，ウェッジ，パワースライド，アップ&アンダー，あるいはステップバックとも非常に相性が良い。

フックショットを正確に打つためには，まず体をゴールに対して半身に構え，ゴール側の足は平行よりも少しゴール向きに置き，逆側の足も使って両足でわずかにゴール方向にジャンプする。ゴール側の片足で踏み切る場合には，リングから遠い側の膝を90度くらいに曲げ，ゴールに向かってわずかにターンする。ボールを保持している側の腕は体から離して真っすぐに伸ばす。ゴール側の腕は90度に曲げ，ディフェンダーからボールを保護するために使う。ボールを頭上高く振り上げ，体幹に対して約150度の角度のところで手首のスナップを使ってゴールにシュートする。シュートされたボールが空中にある間も，シューターはターンを続け，つま先がゴールに向くように着地する。ゴールに正対して着地することによって，すばやくオフェンスリバウンドへ入る準備ができる。

フックショットの練習は，ゴールに近いところから始め，徐々に距離を伸ばしていく。ジャンプショットのシュートレンジまで伸ばすことができれば理想的だ。フックショットは，本書で紹介したすべてのムーブとの組み合わせが自在なだけでなく，フックショットの脅威が増すことにより，ディフェンダーはタイトにまもらざるを得なくなり，結果的に他のムーブをしかけるチャンスが広がる。ディフェンダーがタイトにまもってくれば，それだけドロップステップをしかけやすくなることを思い出してほしい。

❷──ディップショット

ディップショット（dip：ちょっと浸す，という意味）は，できるだけ高くジャンプして腕をゴール近くまで真っすぐに伸ばし，手のひらが上を向くようにし，ボールがゴールをわずかに越えるように打つショットで，ポンプフェイクを入れずにすばやくおこない，ムーブのあとにゴールの正面すぐ近くにポジショニングした場合にのみ使う。ジャンプストップし，ディフェンダーが少し遅れているような場合に最も効果的なショットだ。

ブロックショットされても，ゴールテンディングがコールされ，カウントになるケースが多い。ゴールから少し遠い距離から打ってしまう上級プレーヤーもいるが，これではブロックショットされても，ゴールテンディングにはならない。

❸──スピードショット

スピードショットは，フックショットとジャンプショットを合わせたような，中間的なショットだ。

フックショットと同じようにゴールに対して横を向いたポジションから開始するが，ジャンプショットと同じようにゴールに正対するところまでターンする。ゴールに向かって勢いよくジャンプするために，両足で踏み切ってジャンプが最高点に達する前にシュートする（これがスピードショットと言われるゆえんだ）。ディフェンダーとの身体接触によってファウルが頻発する，力強さが要求されるショットだ。横を向いたポジションからフェイスアップの状態までターンする間に，手首を軽く使ってボールをはなす。複雑な動きではないので，シュートするというよりも単にボールを投げているような印象を受けるショットでもある。

スピードショットでは，腕を伸ばしてボールを体の斜め前方まで持ち上げる。フックショットではボールを保護する体側，ジャンプショットではシューティングポケットになる。シューターはムーブをうまくしかけてディフェンダーよりも先に両足でジャンプストップすること。すぐにゴールに向かって爆発的にジャンプし，ジャンプしながらシュートする。このときにデ

ィフェンダーに体を当てるようにしながらジャンプするのがコツだ。

3. 上級リバウンド

リバウンドには，クイックジャンパーとパワージャンパーのどちらが良いのかという議論がある。しかし，指導によってクイックジャンパーをパワージャンパーに，パワージャンパーをクイックジャンパーに育てることができる。いずれもハードトレーニングによって可能だ。ドリル㉚〜㉜を使って上級リバウンドを練習することである。

4. 上級スクリーン

目新しい戦術ではないが，近年ハイポストでのピック＆ロールを使用するチームが再び増える傾向にある。この戦術は，正しくおこなわなければ成功することが難しいプレーだ。ポストプレーヤーが正否の鍵を握っている。ポストプレーヤーは，ボールマンをまもっているディフェンダーに対して，体半分ハイサイド側（ゴールから遠い側）にスクリーンをセットし，ピボット中ボールから目を離さないようにすることが大切だ。正しくロールをおこなえば，ディフェンス側はリカバリーできなくなる。

ウィークサイドからのヘルプがなく，しかも小さなガードが大きなセンターにスイッチしなければならなくなるこのプレーは，近年その有効性が見直されているのだ。

図7-9は，①が，⑤のスクリーンを利用してミドルライン方向にドリブルしている状況だ。⑤は，X_1に対して体半分ハイサイド側にスクリーンをセットし，X_1がディフェンダーの下側をスライドスルーしなければならないように仕向ける。X_1がファイトオーバーでスクリーンの上側を通ろうとすれば，①はレイアップにもち込むことができる。X_5が①にスイッチすることもできるが，スイッチすればX_5がアウトサイドのシューター①に，X_1が長身のポストプレーヤー⑤にマッチアップする結果となる。①と⑤がハイ・ロープレーをおこなえば，ほとんどの場合オフェンスが勝つ。

X_1に対して体半分上側にスクリーンをセットしたら，⑤はX_1がスライドスルーするためにステップバックするタイミングを観察し，ディフェンスがぶつかった瞬間にロールする。これでX_1を背後に抑え込むことができるはずだ。X_5は①にスイッチせざるを得なくなり，スイッチが起これば①と⑤はいずれも有利な状況になる。①はX_5よりもすばやく機敏で，しかもアウトサイドのショットに優れており，⑤はX_1よりも力強く大きく，しかもゴール近辺での攻防の経験が豊富なはずだからだ。

このプレーはあわてておこなう必要はない。ディフェンダーがどう対処するかを観察してから，その崩れを突くのだ。スイッチに対しては，ロールしたスクリーナーへすばやくパスを通すこともできるし，ドリブルでディフェンダーを引き出しておいてからハイ・ロープレーをしかけることもできる。ディフェンダーがうまく対処しても，あわてずに再度スクリーンをセットすればよい。

5. 上級パス

ポストプレーヤーのパッシング技術を伸ばしながらチームオフェンスも向上できる一石二鳥の方法がある。ゾーンオフェンスのなかでポストプレーヤーのパッシングの技術を指導する方法がその1つだ。図7-10〜12に，多くのチームが採用しているゾーンオフェンスを示した。

図7-10のように，①が②へパスし，⑤がショートコーナーにステップアウトし，④がハイポストにフラッシュする。①と③は入れ替わる。

Skill

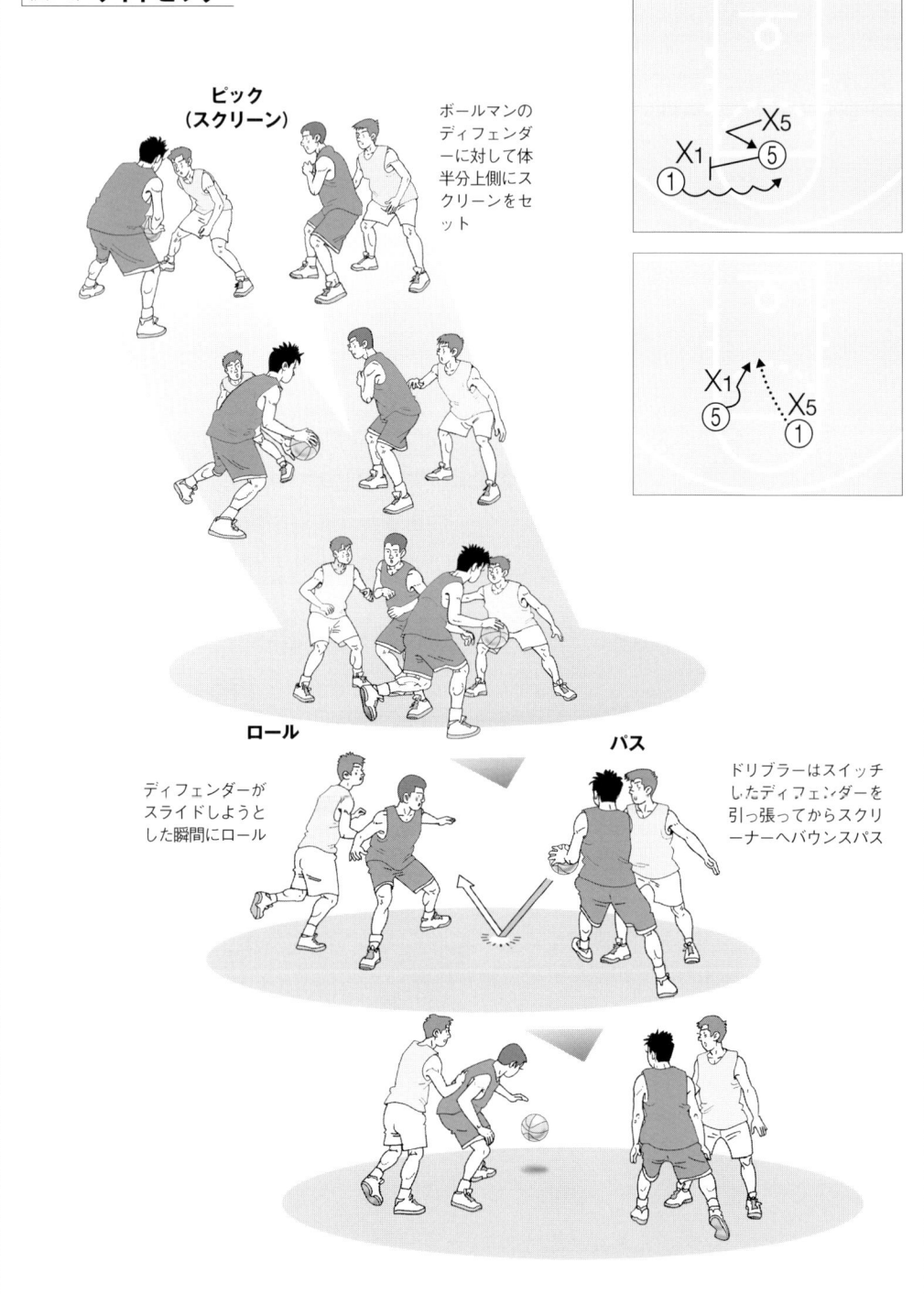

(図7-9) **サイドピック**

ピック（スクリーン）

ボールマンのディフェンダーに対して体半分上側にスクリーンをセット

ロール

ディフェンダーがスライドしようとした瞬間にロール

パス

ドリブラーはスイッチしたディフェンダーを引っ張ってからスクリーナーへバウンスパス

図7-11のように，②が⑤へパスを入れたら，④はローポストへロールする。⑤から④へのパスは，ダブルダウンを回避する場合のパスと同じである。⑤はパスを通すためにダブルダウンから離れるように，多くの場合ベースライン側へターンしてダブルチームから離れるようにする。⑤から④へのパスは，バックドアカットするプレーヤーへステップアラウンドのバウンスパスを通す練習にもなる。あるいは，⑤は逆サイドの①へパスすることもできる。この場合には，オーバーヘッドのフリップパスになる。オーバーヘッドフリップパスは，ゾーンオフェンスやディフェンスリバウンドから速攻へつなげるアウトレットでも多用するパスだ。

　図7-12のように，⑤からパスを受けた②は，ハイポストの④へパスしてもよい。④は，ハイポストでボールをキープしなければならない。この状況のなかで④は，バックドアカットする⑤へステップアラウンドのバウンスパス，ポストアップする⑤へロブパスやバウンスパス，あるいは①へボールを展開するパスを練習できる。ボールをキープする場合には，ボールを上げて肘を張ること。

　⑤や④から①へのパス，②から①へのパス，あるいは②から③を経由して①へのパスは，オフェンスを連続させる合図だ。④がショートコーナーへカットし，⑤がハイポストにフラッシュすることで動きを連続させる。エントリーと逆サイドでまったく同じオプションをしかけることができる（④と⑤の役割が逆になるだけ）。

　ポストプレーヤーのパス練習では，ファンダメンタルに徹底してこだわる必要がある。いっぽうで，すべてのプレーヤーに対して，チームオフェンスを正しく遂行させる練習も必要になるだろう。両者の要求を同時に解決するベストな方法は，チームオフェンスのなかでパッシングのスキルを指導することだ。

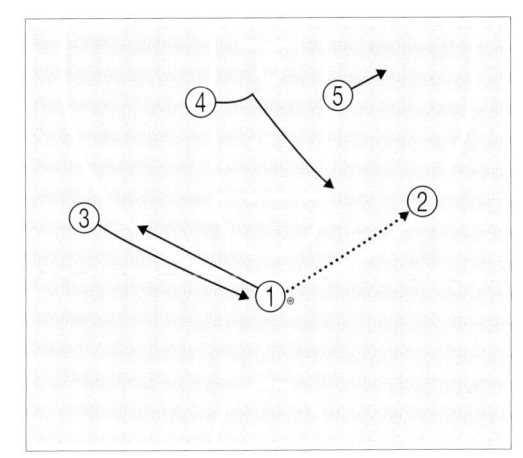

図7-10　ゾーンオフェンスを使ったパッシングドリル(1)

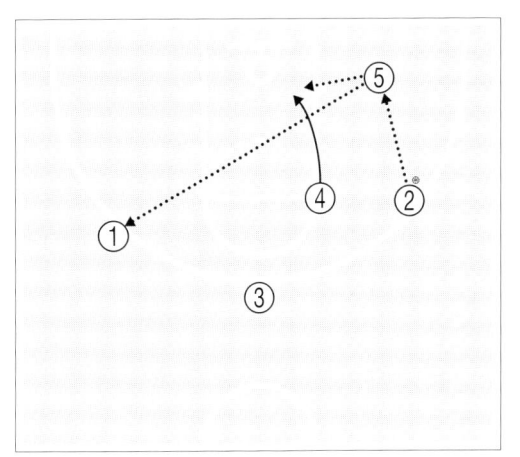

図7-11　ゾーンオフェンスを使ったパッシングドリル(2)

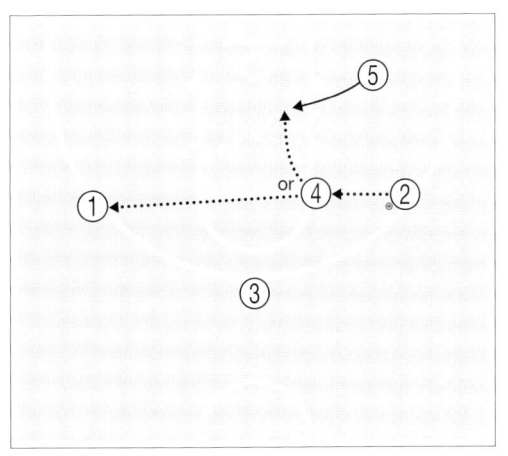

図7-12　ゾーンオフェンスを使ったパッシングドリル(3)

ドリル（DRILL ㉚〜㉜）

DRILL ㉚
パワージャンパー ドリル
Power Jumper Drill

目的

★リバウンドの強化。
★ファウルを受けながらのパワーレイアップの習得。
★2回，3回と連続的にリバウンドに跳ぶ練習。

手順

1．両側のビッグブロックにボールを置く。
2．両側のビッグブロックにディフェンスを2人ずつ配置する。
3．ゴール下からビッグブロックへ向かい，ボールをピックアップしてゴール向かって爆発的にジャンプする（跳び上がる前にポンプフェイクを入れてもよい）。オフェンスは両手で強くボールを保持する。ショットは必ずファウルされるので，それに備えてボードの高い位置にバンクさせる。
4．オフェンスは逆側のビッグブロックへ向かい，同様にパワーレイアップをおこなう。その間に，マネージャは，シュートされたボールを拾って最初のビッグブロックへ置く。
5．オフェンスのパワームーブができるまでトレーニングを繰り返す。

DRILL㉚

DRILL ㉛
クイックジャンパー ドリル
Quick Jumper Drill

目的

★リバウンドに有効なクイックジャンプの習得。
★2回，3回，4回と連続的にリバウンドに跳ぶ練習。
★連続ジャンプの練習。
★アジリティの強化。
★スピンムーブの習得。

手順

1．リバウンダーは，ボールを持ったままゴールに向かってジャンプする。ボールをリングにタッチさせ，ボールを持ったまま両足で着地する。
2．リバウンダーは，着地したら即座にスピンムーブをおこない（ドリブルを使っても使わなくてもよい），ゴールの逆側に移動し，ボールを持ったままゴールに向かってジャンプする。ゴールにボールをタッチさせ，両足で着地し，着地したらすぐに2回目のジャンプをおこない，ボールをゴールにタッチさせ，両足で着地する。
3．2回目のジャンプで着地したら，スピンムーブをおこない（ドリブルを使っても使わなくてもよい），最初の側に戻る。ゴールに向かってジャンプし，ボールをゴールにタッチさせ，両足で着地する。着地と同時に2回目のジャンプをおこない，ゴールにタッチし，

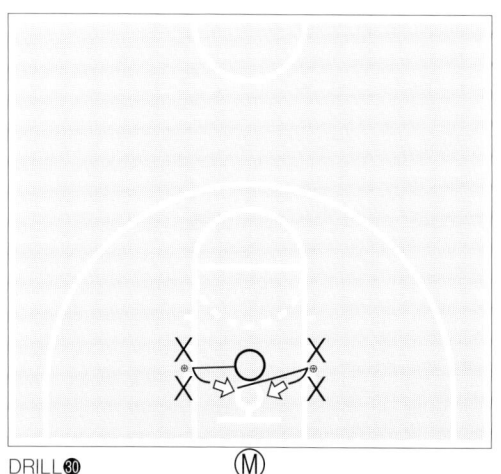

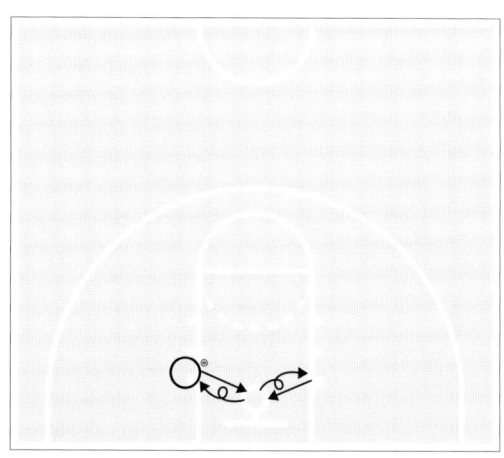

DRILL㉛

両足で着地する。そのまま3回目のジャンプをおこない、ゴールにタッチし、両足で着地する。3回目のジャンプが終わったらスピンムーブで逆サイドへ移動し、今度は4回のジャンプをおこなう。クイックジャンプが習慣になるまで連続させる。

5. 5本ショットを成功させるか，または連続して3本ショットを成功させたら終了する。負け残りで次のプレーヤーが入る。

DRILL ㉜
チームリバウンド ドリル
Team Rebounding Drill

目的
★パワーリバウンドの練習。
★クイックリバウンドの練習。
★パワーレイアップの練習。
★フックショット，ディップショット，スピードショットなどの練習。
★2回，3回，4回と連続的にリバウンドに跳ぶ練習。
★リバウンドのための適切なポジションをとる練習。
★コンディショニング。

手順
1．制限区域内のゴール近辺に3人のプレーヤーを配置する。
2．コーチがシュートする。
3．制限区域の1.5mよりも外側にボールが出るまではプレーを続けること。ショットが入ってもプレーを続ける。
4．制限区域の1.5mよりも外側にボールが出た場合には，コーチのショットでドリルを再開する。ただし，各プレーヤーの得点はそのまま継続する。

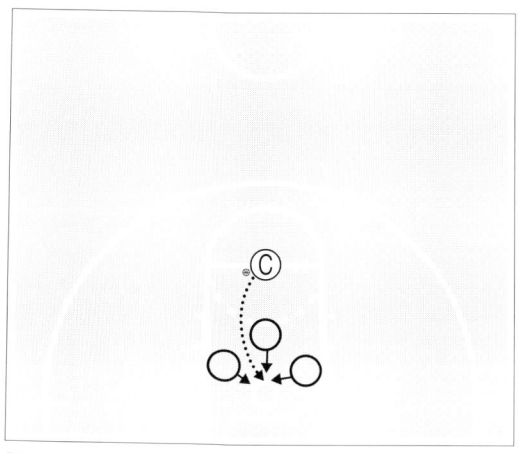

DRILL ㉜

ジグザグ走，スキップ，スライドステップドリブル（P.7参照），ドロップステップ，後ろ向き走などである。プレーヤーはその指令を実行したら，再び走り始め，次の指令を待つ。

B. バックワードウェイブ ドリル

プレーヤーは一列に並んでディフェンスのスタンスをとる。コーチはベースライン上に立ってプレーヤーに正対する。プレーヤーはコーチに注目する。コーチは，どちら側へディフェンシブにスライドするかのシグナルを出す。前後へのダッシュをこのドリルに組み込んでもよい。

C. ビッグマンズファストブレイク ドリル（ドリル❹）

このドリルは，身体能力のトレーニングだけではなく，バスケットボールの技術・戦術のトレーニングを含んでいる（P.46参照）。

D. ランフルコートウェル ドリル（ドリル❺）

P.47参照。

4. ジャンプ力のトレーニング

ジャンプ力は先天的にその限界が決まっている能力だが，適切なドリルによって，わずかではあれ発達させることができる。トレーニング効果はとくに，2回や3回続けてジャンプするような場面に現れる。

A. ゴールタッチ ドリル

ジャンプしてゴール（ボードの下側，ネットの下側でもよい）にタッチする。右手で10回，左手で10回，左手と右手で2回タッチを10回，そして最後に両手同時タッチを10回おこなう。

B. 重りを使ったジャンプドリル

テープで床に目印を付ける。ジャンプごとにその目印に着地しなければならない。鉛のウェイト（ウェイトジャケットやウェイトシューズなど）を装着する。ウェイトジャケットがない場合には，ベルトにフリーウェイトを着けて，体にしっかりと縛りつけることで代用できる。底の重い靴でも代用可能だ。負荷をつけた状態で，先に紹介した「ゴールタッチ ドリル」をおこなう。

C. 開脚ジャンプ ドリル

左右に開脚してジャンプし，胸の高さまで上げた足先を手で触る。これを連続して20回おこなう。

D. 縄跳び

両足でおこない，そのあと片足でおこなう。さらに両足交互におこなう。ノーマルジャンプからスタートし，腕を交差したり，ロープを使ったさらに難しい技へと進む。

5. クイックネスとアジリティのトレーニング

前述したように，トレーニングプログラムはそれぞれ独立したものではない。縄跳びは，ジャンプ力と同時にアジリティも向上させることができる。プレーヤーが何を必要としているかがわかるようになるにつれて，コーチはその矯正法をうまく処方できるようになる。

A. フットワークスクエアー ドリル

図8-1のように，床にテープかペイントで「X」の文字を書く。各パートは約90cm離す。ⓒのほうを向いてⒹに左足，Ⓔに右足をおき，ドリルを開始する。

このドリルの第1段階は，両足でおこなう。まず，両足でジャンプしてⒸに両足で着地し，そのあとすぐに両足でジャンプしてⒶⒷへ着地する。次に，わずかにジャンプして左右の足を入れかえてⒸのほうを向き，今度はⒶⒷ→Ⓒ，Ⓒ→ⒹⒺへと両足でジャンプして戻り，Ⓒに向きなおる。これを30秒続け，何周できたかカウントして記録する。

ドリルの第2段階は片足でおこなう。まず，ⒹⒺから両足でジャンプしてⒸに片足で着地し，その足でジャンプしてⒶⒷへ両足で着地する。

次に，わずかにジャンプして左右の足を入れかえて©のほうを向き，今度はⒶⒷ→©，©→ⒹⒺへと同様にして戻り，©に向きなおる。これを30秒続け，何周できたかカウントして記録する。

第3段階めは，第2段階めと逆の足でおこなう。同じく30秒続け，何周できたかカウントして記録する。

第4段階めは，©に背中を向けた状態でおこなう。まず，後ろ向きの両足ジャンプで©に両足で着地し，そのあとすぐに後ろ向きの両足ジャンプでⒶⒷへ着地する。わずかにジャンプして©のほうに背中を向け，同様にⒶⒷ→©，©→ⒹⒺへと後ろ向きの両足ジャンプで戻る。これを30秒続け，何周できたかカウントして記録する。

正確なチャートをつけることによって，日に日に周回数が増えていくことを確認することができる。トレーニングを重ねるにつれて，ほんの少し足を浮かすだけでポイントからポイントへすばやく移動することができるようになり，足先が床をつかむ（グリップする）感じを実感できるようになる。これが本当のクイックネスだ。各段階の設定時間を1分から1分半へ延ばせば，持久力を高める有効なドリルにもなる。

B．キャリオカ

プレーヤーはサイドラインからサイドラインまで動けるように，コートの中央に立つ。コーチはプレーヤーの前に立つ。腰をコーチと平行に保ったまま，左足を右足の前に交差させ，次に右足を外側にステップし，左足を右足の後ろで交差させ，再び右足を外側にステップする。これをサイドラインまで続けたら，逆の動きを反対側のサイドラインまでおこなう。これを30秒から始めて，1分まで延ばしていく。

C．ボールハンドリングドリル

ポストプレーヤーにも，ガードプレーヤーがおこなうようなボールハンドリングドリルが必要であり，とくに動きをともなったドリルをおこなうべきである。これによって，走力，コーディネーション，アジリティ，そして持久力を大きく向上させることができる。

コートをドリブルで往復しながら，クロスオーバー，スピン，ハーフスピン（これはポストプレーのムーブに役立つ：第2章参照）をおこなう。最初にボール1個を使って，右手と左手で各種目を1往復ずつ計6往復おこなう。今度はボール2個を使って左右交互にドリブルしながら，クロスオーバー，スピン，ハーフスピンをそれぞれ1往復ずつ3往復おこなう。次に左右同時にドリブルしながら計3往復おこなう。全部で計12往復になるはずだ。各ボールハンドリングドリルはムーブ（第2章参照）を向上させるだけでなく，優れたコーディネーションを発達させ，ボールを感じることができるようになる（ボールを見ずにドリブルをおこなわせるようにする）。

右手でドリブルしながらクロスオーバーをおこなうためには，まず左足を体の前にもってくる。クロスオーバーの瞬間に左足を引き，左手にボールをクロスオーバーする。右足が前足になり，左手がドリブルをする手になっているはずである。ボールを2つ使うときは，フットワークだけをおこなうが，フットワークの間，2つのボールをコントロールし続ける。

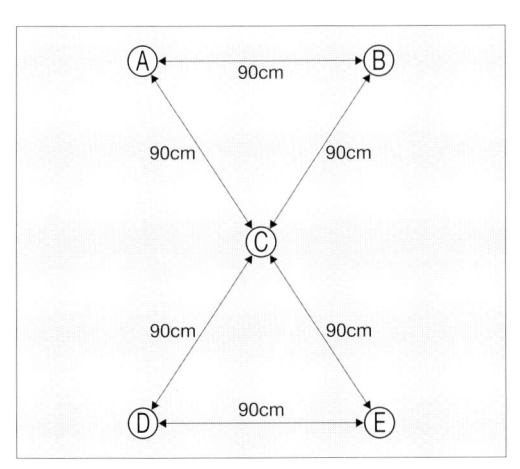

図8-1　フットワークスクエアードリル

右手でドリブルしながらスピンドリブルをおこなうときは、左足が前になる。スピンをおこなう瞬間に、ドリブラーは左足をピボットフットに固定し、180度のピボットをおこなうようにボールを右手で引っ張る。次にボールを左手に変える。体がボールを保護するように今度は右足が前になる。ボールを2つ使うときは、フットワークだけをおこなうが、ボールはコントロールされなければならない。

　ハーフスピンは、右手でドリブルしながら左足を前にしておこなう。右手でボールを引っ張りながら、左足をピボットフットにしてスピンムーブを開始する。しかし、このピボットは90度から180度である。ドリブラーはその後、右足で床をけり、左足を持ち上げて同じ方向にスピンバックする。ボールを2つ使うときは、フットワークだけを練習するが、ボールはいずれもコントロールされなければならない。

　その他、ボールハンドリングドリルに組み入れたいものとしては、以下のドリルが挙げられる。
- 立位あるいは走りながら、体のまわりにボールを回す。
- 立位あるいは走りながら、両足のまわりにボールを回す。
- 立位あるいは走りながら、指先でボールをティップする。
- 立位あるいは走りながら、脚の間にボールを通す。
- スクワット姿勢をとり、体の前でボールを両手で持つ。脚の間にボールを落とし、体の背面で両手でキャッチする。
- 一方の手を体の前、もう片方を体の後ろにおく。体の前の手でボールを床に落とし、手を入れ替えてボールが床に落ちる前にキャッチする。

3……練習計画の作成

　プレーヤーはどちらかというと、楽しんでプレーしたがる傾向にあり、厳しい強化練習を好んでおこなうようなプレーヤーはまれだ。しかし、それを責めることはできない。また、バスケットボールの技術を向上させることの重要性については多くのプレーヤーが理解しているものの、身体能力を開発する苦しい練習に自ら進んで積極的に取り組むプレーヤーもほとんどいない。これらは、プレーヤーの経験が浅く、身体的に、あるいは精神的に自分を高めることがいかに重要かを、まだまだ理解できていないためだ。コーチは、プレーヤーの精神状態を観察しながら、モチベーションを高めていかなければならない。

1. 毎日の練習計画

　ポストは非常に重要なポジションなため、ポストプレーヤーには通常のチーム練習の前に30分程度の個人練習をおこなわせる。各プレーヤーは、個人ごとに作成された計画に従って練習を開始する。練習計画は、その内容が確実にできるようになるまで変えてはならない。個人練習は、チーム練習に入るためのウォーミングアップという意味合いも持っている。チーム練習が3時30分から5時までだとすると、3時には個人練習を開始できるようにプレーヤーを習慣づける必要がある。

　コーチがそばにいて観察しながら問題点を修正してやれば、プレーヤーは個人練習に熱心に取り組むようになるだろう。各プレーヤーにと

って必要なプログラムを，30分のなかで2つあるいは3つに限定しておこなわせることが大切である。毎日の練習内容は，個人練習が30分，チーム練習が1時間半，そして練習後のウェイトトレーニングが20分というのが典型的だ。

ボールキャッチに問題があるプレーヤーには多くのキャッチングドリルを入れ，ポジションどりに問題がある場合にはポジショニングの練習をさせ，ムーブがスムーズでない場合にはムーブのドリルを要求する。改善しなければならない問題点を複数抱えているプレーヤーには，個人練習の30分間を要素ごとに細かく分けて指導するが，1つのドリルのなかでは2つ以上の改善点を強調しないように注意する。

スペースやコーチングスタッフが限られている場合には，2人のプレーヤーを1つのゴールで同時に練習させることもできるし，マネージャを有効に使って各プレーヤーが与えられたメニューを十分にこなせるよう工夫することが重要だ。

ポストプレーヤーには，練習後にウェイトトレーニングをおこなわせる。シーズン中のウェイトトレーニングは約20分間に短縮させたいので，最も強化しなければならない筋群を判断し，適切な運動を割り当てることが重要である。

2. オフシーズンの練習計画

ポストプレーヤーを育成するうえでオフシーズンは1年のうちで最も重要な部分であり，一流になるプレーヤーはこの期間に最も成長する。

精神的に未熟なプレーヤーにあまり多くの課題を与えすぎると，課題をこなすのがイヤになり，オフシーズンの練習をしなくなってしまう。これでは彼の将来の可能性を閉ざしてしまうことにもなりかねない。やるべき課題を少しずつ与えて，毎日励まし，それに向かうようにさせることが大切だ。

各プレーヤーには，それぞれ異なったオフシーズンのプログラムがある。プログラムを次の段階へ進めたり変更したりする前に，1つのプログラムを3週間は続けることが重要だ。ウェイトトレーニングとファンダメンタルを含んだ，3週間ごとの9段階のプログラムを設定するのが望ましいと考えられる（アメリカは日本と異なり，約半年：27週間のオフシーズンがある）。

9段階目のプログラムが終わりに近づくにつれて，ポストプレーヤーは，著しい進歩を見せるだろう。コーチは，週が進むにつれてファンダメンタルに新しいもの加えるべきだ。例えば，最初の3週間のプログラムには，ムーブやショットにドロップステップとターンアラウンドしか含まれていないかもしれないが，27週が終わったときには，それらのムーブを使ったショットと同様に，クロスオーバードライブや，スピン，ハーフスピンなどにも熟達していなければならないのである。

▶まとめ

体を作り上げると同時にプレーヤーの心を育てることが第8章の主題だ。より強く，よりすばやく，より機敏に動けるようになり，さらに持久力が高まったとき，ポストプレーヤーとしての能力は見違えるように向上しているはずだ。第2章〜第7章で述べた技術の指導や学習は，本章で述べた体作りと同時に平行しておこなうことが重要だ。バスケットボールの技術が向上し始めても，筋力，持久力，走力とコーディネーション，ジャンプ力，クイックネスとアジリティのトレーニングは継続しなければならない。

訳者あとがき

　本書は，攻撃と防御の両面からポストプレーの技術・戦術を解説するとともに，ポストプレーヤー育成のためのドリルを体系化したものである。本書の翻訳中に気づかされたのは，世界最高峰リーグNBAで活躍するポストプレーヤーも，アジア選手権大会で日本の前に立ちふさがる中国や韓国のポストプレーヤーも，本書のポストムーブを完全に身につけているという現実だ。本書に出会うまでは，自分自身がアウトサイドプレーヤーだったこともあり，ポストプレーに対する理解は浅く，ポストプレーを見る際にも指導する際にも，ただ「力強さ」とか「速さ」などの視点しか持ち合わせていない次元であった。しかし，翻訳作業を通じて，彼らのプレーを「本書の技術・戦術で解釈できる！」と感じ，今まで見えなかったものが見えるようになった。

　2001年の男子アジア選手権大会においては，試合前のウォーミングアップで男子中国チームがポストプレーヤーのためのドリルをおこなっていたが，そのなかのムーブがまさに，本書で紹介されているものであった。また，本書で紹介しているポストで得点するための「オープンになる」「ポジションをとる」「パスを受ける」「ムーブをしかける」「ショットを決める」という5つの手順（原書では7つのステップ）は，ポストプレーに限らず，あらゆるプレーの問題点を時系列に沿って発見し，解決策を準備していくための貴重な着眼点になることがわかった。さらに，本書では，「2つの基本ムーブと4つの初級ムーブを組み合わせることによって無限のプレーバリエーションを生み出す」という考え方を提案している。この考え方は，単なる個人戦術の解説という次元を超え，「要素となる基本プレーを組み合わせて自由自在なプレーバリエーションを生み出すフリーランス・オフェンス」というチーム戦術の解釈にも応用できる可能性を秘めたものである。

　2003年春，中国からはすでに3名のNBAプレーヤーが誕生していた。そのなかの一人はオールスターのスターティングラインナップにも選出されるほどの実力を備えていた。韓国からも，有望な若者がNBAのドラフトリストに入ったという情報が流れてきた。いずれも，アジアの民族としては，その標準を遥かに超えた210cm超の長身プレーヤーである。

　2006年夏，日本で初めて開催された世界選手権大会において，日本は予選リーグで1勝をあげるのが精一杯だった。ワールドカップで勝つことがすでに夢ではなくなったサッカーと違い，テレビ中継すら満足にされない現実に，関係者として非常に寂しい感覚を覚えた。

　出版への作業が佳境を迎えた2007年夏，日本はアジア選手権大会の壁を超えることができず，男女共に2008年北京オリンピックへの切符を逃した。前出の韓国人NBAポストプレーヤーは，日本の前に立ちはだかり，世界への挑戦権を奪った。出版が間近に迫った2008年冬，U-18の女子日本代表チームが中国を破りアジアのチャンピオンに輝いた。このようななか，ポストプレーヤー育成のバイブルとなる本書をようやく世に送り出す

ことができるところまでたどり着き，バスケットボールの指導に携わる者として，小さな一歩ではあるが重要な責任を果たすことができたのではないかと感じている。

「日本人は人種的に小さいのでポストプレーヤーが育たない」とよく言われてきた。しかし，日本バスケットボール界には，男子で200cm，女子で190cmを超えるプレーヤーが少なからず存在していることもまた事実である。日本に優秀なポストプレーヤーが育ちにくいのは，単に体型・体格の問題だけでなく，その背後に，ポストプレーヤー育成のための十分なノウハウが共有されていないという問題が潜んでいるのではないかと思われる。本書は，アメリカンタイプのポストプレーの解説書ではあるが，本書を出発点にポストプレーヤー育成のための基本的な情報が共有され，そのうえで，日本人の体格・体力・心理特性などの国民性を考慮に入れた日本独自のポストプレーの目標像，あるいはその育成方法が積極的に議論されれば幸いである。日本人で初めてNBA入りしたガードの田臥選手を超え，近年身体的能力が著しく向上している日本人長身プレーヤーのなかから，将来NBAのコートに立つプレーヤーが生まれること願ってやまない。

翻訳作業は，坂井が全体を担当して最初の訳出をおこない，鈴木が細部の微妙なニュアンスを調整して完成させた。読者にとっての読みやすさを求め，説明が必用と思われる箇所には注釈（用語解説，補足説明）を加えた。また，ポストプレーのスキルをより理解しやすくするという観点から，原書にはない技術解説のためのイラストを大量に加えている。言葉だけではイメージしづらい動きのポイントをイラストから感じとっていただければ幸いである。イラスト作成のための写真撮影に協力をいただいた筑波大学バスケットボール部員（2003年当時）若月徹君，井上裕介君，松下哲士君，谷川奈穂さん，徳丸奈緒美さん，宇佐美里菜さんに感謝申し上げます。

原書は9章(Chapter 1:Qualities of a Post Player, Chapter 2:Post Player Development Program, Chapter 3:Ten Principles of Scoring in the Post, Chapter 4:Becoming a Scorer in the Post, Chapter 5:Becoming a Big-Time Rebounder, Chapter 6:Becoming a Passer From the Post, Chapter 7:Becoming a Solid Screener in the Post, Chapter 8:Becoming a Tough Post Defender, Chapter 9:Advanced High- and Low-Post Play)から構成されているが，ポストプレーに関するスキルをより理解しやすくするという観点から，ポストプレーの特性について述べているChapter 1とChapter 3をまとめて第1章とし，ポストプレーのスキルを解説しているChapter 4からChapter 9までを第2章から第7章までとし，ポストプレーヤーのトレーニング方法を述べているChapter 2を最後の第8章にもってくるように再構成した。

最後に，本書の訳出にあたり，翻訳家であり自身もバスケットボールをプレーすることを愛する松崎広幸氏には，文章全体にわたり訳文の緻密な検討を施していただき，数々の貴重なご助言をいただいた。この場をお借りして感謝したい。また，バスケットボールの指導に大きな影響を及ぼす本書との出会いを与えていただき，さらに編集作業にも多大なるご尽力をいただいた大修館書店編集部の粟谷　修氏に，心より感謝の意を表したい。

2009年1月　坂井和明　鈴木　淳

[著者紹介]

バロル・ペイ (Burrall Paye)

1965年,テネシー大学修士課程修了。
全米高校コーチ協会,バージニア州高校コーチ協会会員。30年以上にわたってバスケットボールの研究と指導に携わり,現在では最も優れた指導者の一人として数えられる。ポストプレーヤーをシステマティックな方法によって効果的に育成するコーチとしても広く知られている。長年に及ぶ指導経歴において,各種選手権大会において61回の優勝実績を誇る。また,34回のコーチ・オブ・ザ・イヤーを受賞し,1985年にはバージニア州コーチ・オブ・ザ・イヤーとNational Federation Interscholastic Coaches Association優秀コーチに選出され,全米コーチ・オブ・ザ・イヤーには2回ノミネートされている。

〈主な著書〉
- Encyclopedia of Defensive Basketball Drills
- Secrets of Winning Fast Break Basketball
- Winning Power of Pressure Defense in Basketball
- Coaching the Full Court Man-To-Man Press
- Basketball's Zone Presses
- Secrets of the Passing-Dribbling Game Offense
- Complete Guide to Match-Up Zone

[訳者紹介]

坂井和明(さかい かずあき)

1967年,山口県生まれ。
1990年,筑波大学体育専門学群卒業。
1992年,筑波大学大学院修士課程コーチ学専攻修了。
2002年,筑波大学大学院博士課程体育科学研究科満期退学。
2006年,体育学博士学位取得。
日本女子体育大学助手,同バスケットボール部コーチを経て,現在,武庫川女子大学文学部健康・スポーツ科学科講師。同バスケットボール部コーチ。

〈おもな資格,指導歴〉
日本体育協会公認バスケットボール上級コーチ
日本女子体育大学コーチ
- 関東女子学生バスケットボール選手権大会準優勝(1992年,1996年)
- 全日本学生バスケットボールオールスター東西対抗戦東軍女子コーチ(1995年)
- 李相佰杯争奪日韓学生バスケットボール競技大会日本女子コーチ(1996年)

武庫川女子大学コーチ
- 関西女子学生バスケットボールリーグ戦優勝(2004年),準優勝(2007年,2008年)
- 全日本学生バスケットボール選手権大会第3位(2008年)

鈴木 淳(すずき じゅん)

1971年,富山県生まれ。
1994年,筑波大学第二学群比較文化学類卒業。
1996年,筑波大学大学院修士課程コーチ学専攻修了。
筑波大学体育センター技官を経て,現在,福岡教育大学教育学部准教授。同女子バスケットボール部監督。

〈おもな資格,指導歴〉
福岡教育大学監督
- 九州学生バスケットボール選手権大会優勝(2001年)
- 九州学生バスケットボールリーグ戦準優勝(2007年)
- 西日本学生バスケットボール選手権大会ベスト8(2002年〜2007年)
- 全日本学生バスケットボール選手権大会ベスト16(2000年〜2003年)
- 全日本学生バスケットボールオールスター東西対抗戦西軍女子コーチ(2001年,2002年)
- 第22回ユニバーシアード競技大会全日本女子バスケットボールチームコーチ(2003年)

バスケットボール　ポストプレーのスキル&ドリル
©Kazuaki Sakai & Jun Suzuki 2009　　　　　　　NDC783／x, 141p／24cm

初版第1刷	2009年3月20日
第3刷	2010年9月10日

著　者	バロル・ペイ
訳　者	坂井和明　鈴木　淳
発行者	鈴木一行
発行所	株式会社　大修館書店
	〒101-8466　東京都千代田区神田錦町3-24
	電話03-3295-6231（販売部）03-3294-2359（編集部）
	振替00190-7-40504
	[出版情報] http://www.taishukan.co.jp

装丁／本文デザイン	井之上聖子
表紙カバーイラスト／本文中イラスト	松下佳正
組版／図版作成	有限会社　秋葉正紀事務所
印刷所	厚徳社
製本所	司製本

ISBN978-4-469-26665-8　Printed in Japan
Ⓡ本書の全部または一部を無断で複写複製(コピー)することは，
著作権法上での例外を除き禁じられています。